全彩精印 深情發賣

腦力&創意工作室◎編著

愛情占卜師

讓你一次學會愛情vs課業與工作的占卜書

原書名：全世界都在玩的自我占卜遊戲（下）

前言

自遠古以來，人們就相信所有事物在發生之前就會有相對的徵兆，而靈感能力特別強的人可以感應到這些特殊的反應，並經由某些超自然的方式將之推測出來，這就是占卜。不要覺得占卜是虛幻無依據的，如果你相信科學能夠準確預報明日的天氣，預測火山的爆發和日食的出現，那麼有什麼理由不相信占卜的預知能力呢？

如果你因占卜師們神奇的能力而驚嘆，也不必沮喪你自己的平平無奇。實際上，占卜並不是占卜師所獨有的能力喔！就如同科學已經證實了人體磁場是存在的事實一樣，每個人都有著自己獨有的靈能力，而占卜正是一種適當的方法，讓你的靈能力得到最大程度的發揮。

占卜方法五花八門，東方有八卦易經、梅花卦數、占夢、相術、測字，西方有占星、塔羅牌、撲克牌等等。而到了今天，占卜的方法更是

大大發展，到了身邊的種種事物無不可用來占卜的地步。在本書中，你可以學到各種占卜方法，從傳統的血型、星座、生肖、銅錢、塔羅牌、撲克牌占卜，到牙籤、瓜子、鐵釘之類身邊之物的占卜，都能夠輕鬆掌握。無論是個性、運程、愛情、婚姻、工作以及學業，都可以從中找到預示：想知道你今天的事情是否順利，也許硬幣就能事先給你答案；想知道你應該從事什麼樣的工作，不同的顏色會告訴你不同的道路；想知道對方是否喜歡你，撲克牌中能夠尋找到愛的訊息。而你所需要做的，只是集中精神，按照書中的指示去做。

如果你相信占卜，那麼這本書會給你最好的參照，讓你獲得來自靈感的啟示，就算你不信，它也可以給你新鮮而特別的體驗。現在，就讓我們好好體會占卜帶來的魔力，感受人類自身潛能的神奇之處吧！

CATALOGUE

上篇 愛不愛，誰說了算
——我是愛情大贏家

下篇 嚦咕嚦咕，手到擒來
——工作學業一把罩

上篇

愛不愛，誰說了算——

我是愛情大贏家

喜歡的男生什麼時候出現

想知道妳喜歡的男生什麼時候出現嗎？妳的出生日已經決定了喔！還記得生日靈數的演算法嗎？不記得的話就去溫習一下吧！

【解答】

（1）生日靈數1。

妳喜歡的人會出現在10、15、17歲的時候，17歲時的相遇會影響妳的命運。結婚運在19～21歲最高。相遇機會多的月分是1、2、6月。

（2）生日靈數2。

11、13、16歲的時候會遇到喜歡的人。結婚運在25～27歲最高。相遇機會多的月分是2、4、11月。

（3）生日靈數3。

妳喜歡的人會出現在10、14、17歲的時候。22歲時的戀愛會很激烈，結婚運在24～27歲最高。相遇機會多的月分是3、8、12月。

（4）生日靈數4。

妳喜歡的人會出現在13、16、18歲的時候。結婚運在25歲左右最高，此後就是32～34歲左右。相遇機會多的月分是4、7、9月。

（5）生日靈數5。

妳喜歡的人會出現在12、14、19歲時。結婚運在22～25歲最高，之後在31歲時也很好。相遇機會多的月分在5、8、10月。

（6）生日靈數6。

12、15、18歲的時候會遇到喜歡的人。結婚運在21～24歲最高，此後是30歲。相遇機會多的月分是在3、6、12月。

（7）生日靈數7。

妳喜歡的人會出現在10、14、18歲。結婚運在20～23歲最高，此後則要等到30或31歲。相遇機會多的月分是4、7、8月。

（8）生日靈數8。

妳喜歡的人會在11、13、17歲時出現。結婚運在19～22歲最高，但錯過的話就得到28或29歲的時候了。相遇的機會多的月分是2、8、9月。

（9）生日靈數9。

喜歡的人在12、13、15歲時會出現。結婚運在25～27歲以及29歲最高。相遇機會多的月分是3、9、12月。

占卜你的下一段感情

每個人都對愛情充滿了憧憬，都想知道對方會是什麼樣的人。如果夢中人還沒有出現的話，就從撲克牌中開啟愛的密碼吧！

占卜方法：

（1）準備撲克牌一副。

（2）將整副牌打亂、洗好。按照你的年齡數洗牌，也就是如果你20歲的話就洗20次。而且必須是被測算者本人洗牌，也就是說如果你是為別人測算的話，需要讓他親自洗牌。

（3）開始翻牌。每次取出位於最上面的兩張牌，將第二張蓋於第一張之上；再從整副撲克的最下面取一張牌，放在取出的三張牌的最上面，然後把三張牌一起翻開，放在桌上，看最上面的那張牌是什麼牌。如果這張牌是大鬼或者小鬼，就把它拿出來，然後按照上面的方法繼續翻牌，要依次翻出2、3直到K，最後則是A。

（4）如果第一次沒有完全翻完的話，就將剩下的撲克牌重新拿起來，記得不要打亂了順序，按照上面的方法翻牌，直到將從2到A的牌都拿出來為止。

（5）記住你重複翻了幾次牌才將所有的撲克牌數字都找出，這就表示你這段戀情出現在幾年之後喔！

【解答】

撲克牌所代表的意義：大鬼代表男性，小鬼代表女性。先翻出的是哪一張，就代表是誰主動追誰，也就是大鬼代表著對方主動追求你，小鬼則代表著你會主動追求對方。

2：代表相貌。

3：代表身高。

4：代表家世。

5：代表學歷。

6：責任心強不強。

7：人緣好不好。

8：吸菸與否。

9：是否酒鬼。

10：事業如何，會不會賺錢。

J：是否花心。

Q：你的父母是否同意。

K：他的父母是否同意。

A：你們的感情能不能修成正果。

在花色上，紅心、方塊、梅花、黑桃依次代表好的程度從高到低。比如說2，如果紅心2就說明相貌非常出色，方塊2則是長得還不錯，梅花2就是長相普通，而黑桃2的話，說明他長得不好看啦！

不過也有例外，比如「J」的意義就是相反的，翻到紅心J表示極其花心，而黑桃J就說明他非常專一了。

另外「Q」和「K」的話，紅色表示同意，黑色則表示不同意。「A」紅色表示成功，黑色表示不成功。

十二星座喜歡的戀人類型

【解答】

（1）牡羊座。

牡羊座追求的是征服的快感，喜歡的戀人往往都是那種具有神祕感的異性，對方越是神祕，越能挑起他們的好勝心，而且對方越是不理牡羊座，他們就越覺得對方吸引，所以欲擒故縱的手段對白羊最是有效。可是一旦被爭取到手，失去了新鮮感，他們就會失去興趣，而開始轉向下一個目標。牡羊男最喜歡性格活潑的小女生，長相不一定出色，但身材一定要好，有女人味又會撒嬌，才能充分滿足白羊大男子主義的心理。牡羊女喜歡談吐爽快有英雄氣概的男人，最討厭猶猶豫豫對自己糾纏不休的小男人。

（2）**金牛座。**

金牛座看似堅強，但其實有顆脆弱易感的心，根本承受不起感情失敗的打擊，所以只有誠實穩重的老實人，能夠付出誠意的愛情才最符合金牛座的真正需要。可惜金牛座很容易被那些情場老手吸引，往往要在受傷之後才知道自己要的是什麼。金牛男是典型的外貌協會，最看重對方長相，不夠漂亮的完全無法吸引他們，當然，如果燒得一手好菜，也是吸引金牛男的好辦法。金牛女很現實，很看重對方的經濟基礎，要能夠給她安全感才行。

（3）**雙子座。**

能夠引起雙子座興趣的必然是聰明機靈的人，只有腦筋動得快、嘴巴動得更快，又有一技之長的異性，才夠資格吸引雙子的興趣，如果能力不如雙子，不夠聰明，那雙子座是不看在眼裡的。肉體上的吸引並不是雙子座所追求的，只有知性的交流才是他們的興趣所在。雙子男最需要的是能夠傾訴的對象，最重要是能乖乖聽他海闊天空胡說八道不翻臉。雙子女中意的人必須夠伶俐，在她們需要的時候出現，陪著聊天逛街也不抱怨，不需要的時候立刻消失也沒怨言。

（4）**巨蟹座。**

巨蟹座的戀愛總是以結婚為目的的。能夠令他心動的必須是一個體貼的聆聽者，擁有無限的耐心，能夠忍受他們的嘮叨，提供溫柔的安慰，這樣就能給他們足夠的安全感，而巨蟹座也會用全心全意的愛來回報對方。巨蟹男的目標是那種傳統的好女人，個性賢慧又會做家事。巨蟹女特別喜歡身材強壯、個性陽光的男生，因為她們沒什麼安全感，所以需要可以依靠的強壯胸膛。

（5）獅子座。

獅子座的戀人應該是有積極愛情態度、開朗、自信又熱情的異性，對獅子座來說，戀愛一定是一起開開心心，而絕不能有負面的情緒。自卑的異性獅子座是絕對瞧不起的。獅子男重面子，選擇戀人也會優先考慮長相，其次就是看對方有沒有什麼讓他們動心的特長。獅子女對自己的一切都非常有信心，所以最討厭沒自信的人，只有自信的大男人才能令她們折服。

（6）處女座。

處女座一向都很挑剔，而挑選戀人的時候就會更挑剔了。無論對方有多優秀，處女座還是會不斷地去想對方有什麼缺點，結果總是能挑出一點不合意的地方，於是挑來揀去，不是最後將就找了一個，就只能感嘆自己愛情不如意了。處女男也許不一定很挑剔，但絕對會很囉嗦，所以只有文靜又有點沉默的女生適合他。處女女想要的完美戀人在這個世界上根本就不存在，所以只能委屈自己遷就現在的男友了。

（7）天秤座。

天秤座一向比較懶散閒適，對自己的愛情似乎也不是很在意的樣子，其實，沒有了愛情的天秤根本連一天都過不下去，只是他們向來很高的眼光和謹慎的態度，不會輕易陷入愛情罷了。會讓天秤座喜歡的人，必須有出眾的外表和非凡的內涵才行。天秤男喜歡的女生通常身材纖細又有氣質，也就是所謂的古典美人。天秤女喜歡用時間來考驗戀人的忠誠度，所以有耐性又有主見的男生才會吸引她們的眼光。

（8）天蠍座。

雖然天蠍座狂傲自信，但同樣驕傲的人卻不會讓他們喜歡，只有舉止有禮、脾氣溫和的人才能勾起天蠍座的好感。天蠍男喜歡性格溫柔又堅強的女生，雖然看起來矛盾，但對方如果神經不夠強韌，哪裡能經得起他們如火山爆發般的熱情呢？而對天蠍女而言，性格陽光有一點點囂張的男生最受她們的青睞。

（9）射手座。

射手是天生的粗線條，但偏偏他們的戀人多半是那些有點害羞的人，大概是因為對方的羞澀神情勾起了他們憐愛加想要惡作劇的神經。不過射手座可從來都不是忠實的戀人，因為冒險才是他們的最愛，而戀愛也是一場冒險，需要不斷追求新的刺激。射手男對戀人唯一的要求，就是女生絕對不可以限制他們的自由，盤問他們行蹤更是大忌，絕對分手收場。射手女對於戀人的要求更像玩伴，最重要是大家玩得開心。

（10）魔羯座。

魔羯座從來都不重視外貌，他們看重的是內在的修養，能夠吸引魔羯座的人，一定是勤奮耐勞、精明能幹、努力上進的人。不過魔羯座是很難有勇氣主動表達愛意的喔！如果受到挫折，他們就會將精力轉到工作上去，一心為事業打拼。魔羯男非常要強，喜歡聽話的女生，他一定要在家中佔據領導地位才行。魔羯女的戀人就是她們終生的依靠，所以個性堅強又有前途的男生才是她們的目標。

（11）水瓶座。

水瓶座喜歡交朋友，和什麼樣的人都能打成一片，而如果在知己中能有讓他心動的人，那就是他的戀人了。對水瓶座來說，只有能夠認同他們思維方式的異性知己，才值得他們去愛。水瓶男最喜歡親切如朋友的女生，大家先從朋友開始互相瞭解，這樣的愛情才長久。水瓶女喜歡知識豐富，能夠和她們辯論的男生，先讓她欣賞才有可能心動喔！

（12）雙魚座。

雙魚座個性隨意，除了對愛情有強烈的慾望之外，對於其他的事情都沒有太大的責任感。感情上雙魚座不會太過積極，但卻會被豁達開朗的異性吸引。他們樂於幻想，喜歡編織一切關於愛情的美夢，他們不追求物質享受，也很樂意為自己所愛的人犧牲。雙魚男比較沒有安全感，希望對方是個可以依靠的獨立的人，因此個性開朗有點像男生的女生反而會特別吸引他們。雙魚女理想中的戀人則一定要夠浪漫才行。

洗牌占卜愛情運程

占卜方法：

（1）把撲克牌中的鬼牌、所有花色的A、J、Q、K拿掉，然後把所有花色的2或6拿掉其一，此時會剩下36張牌。

（2）將牌洗勻，正面朝下，一邊想著他，一邊取出最上面的兩張牌，若是同色牌便拿掉，若是異色的就留下。

（3）將牌翻完後，再將剩下的異色牌洗勻，重複上面的動作，一共翻三次牌，最後看剩下的牌。

【解答】

如果牌越少，表示你們之間越順利，而牌剩得越多，則表示兩人之間的障礙越多。

做家事看你會不會出軌

如果讓你可以一輩子只做一件家事，你會選擇：

A、洗碗。

B、做飯。

C、拖地。

D、倒垃圾。

【解答】

A、有賊心沒賊膽。

B、結婚後對對方很忠誠，做事有責任心，是個好伴侶。

C、很想越軌，但卻被腦中的道德觀念束縛，不會亂來。

D、結婚後還在外面亂搞。

你將會遇到幾段感情

在下面五個字中，用直覺選出一個字。

A、愛。

B、情。

C、限。

D、時。

E、批。

【解答】

A、超過八次的心動感覺。

「愛」字和「受」字很相似，受表示接受，也就是說你的身邊有不少的追求者，而你只要想戀愛，就能夠輕鬆獲得一份感情。但你的感覺來得快去得也快，所以感情經歷會比較豐富。

B、三至五段癡狂的戀愛。

「情」字以心為偏旁，可見你是個堅持自己想法的人，對愛執著認真，你心中的愛情是不能被玷污的高貴感情，所以你是個可以為愛癡狂的人。

C、穩定而長久的單一情感。

「限」字中的「艮」是高山險阻之意，表示你的愛情中阻滯頗多，既然是高山，也就表示你對這份感情非常的堅持，有如大山之穩固，但這也會阻礙你坦白的表達自己的情感，所以不妨改變一下自己的方式，才能獲得你渴望的愛情。

D、桃花多多。

「時」字以「日」為偏旁，以「寸」字收筆，說明你的感情大多短暫而豐富，桃花運不斷。

E、四場感情風暴。

「批」字有「手」和「比」，「手」說明你的感情需要依靠你自己的雙手贏取，「比」則表示你的感情世界中會出現對手喔！所以每一場戀愛對你來說都像一場戰爭，需要你全心的付出去爭取。

你的另一半會和你同甘共苦嗎？

你的另一半是和你一起打拼天下的那種人，還是只能共同享樂，大難臨頭各自飛那種呢？想知道他會不會和你同甘共苦，那就憑直覺在6張塔羅牌中選出一張來吧！

A

B

C

D

E

F

【解答】

A、愚者——同甘共苦指數：20%

你的另一半是個無可救藥的樂天派，堅信「船到橋頭自然直」、「天塌下來都有高個頂著」，他會帶給你許多的快樂，和你分享生活中的樂趣，但是……如果遇到難題的話，還是不用指望他（她）了。

B、審判——同甘共苦指數：99%

恭喜你了，你與你的另一半或許已經經歷過許多的波折與坎坷，但你們卻克服了一切的阻礙，到今天仍然在一起，所以，今後不論有什麼樣的風風雨雨也拆散不了你們的，相信你的另一半會陪著你經歷一切的。

C、月亮——同甘共苦指數：60%

你的他（她）是個敏感多情的人，平日的他（她）會非常細心的照顧你、呵護你，但是如果你沒有遵照他（她）的囑咐照顧好自己，或是遭遇什麼意外的話，他（她）只會一個勁的嘮叨你喔！

D、死神——同甘共苦指數：40%

如果你和你的另一半對未來有共識的話，那麼也許你們還會共同度過生活中的風風雨雨；但若是你們對未來的想法不一樣的話，那麼就別指望他（她）會和你同甘共苦了吧！

E、高塔——同甘共苦指數：0%

你是個不輕易改變的人，所以當你還在堅持自己的時候，你的另一半早就因為受夠了你的執著和無趣，一走了之了，同甘共苦？還是另找一個吧！

F、星星——同甘共苦指數：80%

你無疑是幸運的，你的另一半聰明睿智，而且心胸開闊，勇於面對一切挑戰，是攜手共創未來的最佳伴侶，也是同享幸福生活的親密愛人，能夠得到他（她），夫復何求。

刺青占卜你的奪愛指數

如果你愛上的人早已經有了另一半，你是會放棄還是努力爭取呢？占卜一下就知道啦！

如果讓你在臀部刺青，那麼你會選擇以下哪個圖樣：

A、宗教的符號。

B、花草蝴蝶類。

C、圖騰類。

D、姓名。

【解答】

A、奪愛指數：40%

你平常很講究道德規範，可是一旦遇到和你心靈相通的伴侶，你就會把這些丟到腦後，立刻採取行動。你很有可能會跟人家談那種忘年之愛，而且不會被情敵發現！

B、奪愛指數：60%

你覺得感情是順其自然的事情，強求不來，所以如果你愛上的人已有另一半，你還是會坦然表達愛意，覺得大家公平競爭才對。

C、奪愛指數：20%

你是個很重義氣的人，當然也就不願成為插足別人的第三者了。除非你真的覺得這兩個人在一起超級不合，否則寧願把自己的愛意隱藏在心底。

D、奪愛指數：80%

你一向自信滿滿，覺得自己很優秀，加上個性衝動，因此很容易就踏入別人的感情生活，最容易奪人所愛。

刷牙方式看你的愛情

為什麼你很難獲得愛情，或者好容易戀愛卻又充滿坎坷，如果你也有這樣的疑惑，那是因為你在愛情這所大學中偏科嚴重，想知道你的缺陷在哪方面嗎？刷牙的方式可以告訴你！

占卜方法：

每天刷牙的時候注意一下，你的視線大多數時候是往哪一個方向？

A：漫不經心地盯著鏡子中的自己。

B：抬起頭刷牙，眼睛向上看。

C：低著頭刷，眼睛向下看。

D：邊刷邊往兩邊張望。

【解答】

A、理性主義者。

你是個理性的人，做事講求原則，對於愛情也是一樣，有著傳統的看法。戀愛時你總是按部就班，少有瘋狂的舉動，雖然這樣能夠證明你的正直，但你的沉穩在戀人的眼中卻是愛得不夠深的代名詞，太過理性的表現會讓他誤以為你們只是普通朋友，也會讓戀人感覺你缺乏生活情趣，不妨盲目一點、衝動一點，會讓你們的感情更快升溫。

B、不善溝通。

戀愛中的你太過重視自我感覺，卻忘記了要為對方著想，久而久之，因為溝通不善而導致你們之間漸漸疏遠。記住，愛情不是一個人的事，學會和情人溝通，能讓你們感情更融洽，相處更愉快！

C、溫柔順從。

你個性溫柔謙讓，為了讓對方開心可以委屈自己，一旦戀愛就全心投入，無條件接受對方的擺佈。你全心的奉獻，但對方卻不一定領情呢！要知道男人可不是只喜歡順從的女人，有時候有主見一點、辣一點，可能讓他更著迷。

D、愛情空想家。

你對於美好的愛情充滿憧憬，無數次的幻想過自己的感情生活，可是一旦真正的愛情來臨的時候，你又猶豫了，總是怕這怕那，在愛的邊緣徘徊，不敢踏出第一步，於是感情生活始終是空白。拿出勇氣來表白吧！走出第一步之後你會發現，去享受真正的愛情才是最幸福的。

你在他（她）心目中排第幾位

占卜方法：

（1）準備一副撲克牌，留下去掉大小鬼的52張。將黑桃A拿出來放在一邊。

（2）計算你和對方名字的筆劃數，把數字相加，然後按照這個數字的次數洗牌，比如你們的筆劃數之和為47，那就洗47次牌。

（3）開始派牌，將所有的牌從左到右、正面朝上的一張張放到桌上，當放到第七張的時候就換行，繼續派牌，一直到紅心A出現為止。

（4）看桌上所有的牌，如果一張牌的周圍出現了相同數字的牌，就將兩張牌都拿走，這個周圍包括了上下左右以及左上左下右上右下的牌，上下排列的話，如果隔一行有相同的牌也可以拿走。

【解答】

紅心A表示你自己，而剩下多少張牌則表示在他心目中你排多少位了，每一張牌都表示他心目中的一個人。梅花和黑桃都表示那個人是男性，比如好友、家人之類；紅心表示他喜歡的人（但不是你哦），方塊則代表女性的好友。

妳欣賞哪種異性

從以下的字中選一個字，它會告訴妳容易和哪類異性來電。

A、周。　B、星。

C、主。　D、董。

E、播。

【解答】

A、妳容易對踏實居家型的男人有好感。且周字以吉字收尾，妳的他能夠給妳帶來安定和好運。

B、星字以日字為頭，象徵可以依靠的陽剛之氣。妳希望自己是能被保護的小女人，所以妳的他應該是個可以讓妳依賴的強者。

C、主字當中有個霸氣十足的王字，所以妳喜歡的應該是有點大男人主義、獨立自信的男人。

D、董字以草部起筆，有花花草草之意，表示他有著吸引人的外形。所以妳容易喜歡上外形帥氣的男人，長相是吸引妳的首要條件。

E、播字中的提手表示動手能力，右邊有田字，寓意寬廣的土地，所以妳喜歡的是一個體貼溫柔、懂得照顧人的好男人。

你容易得到愛情嗎？

每個人都渴望愛情，但偏偏有些人桃花不斷，有些人卻只能暗自神傷，想知道愛情對你來說是唾手可得，還是需要你傷筋動骨的話，先問問自己吧！

（1）你覺得自己悶騷嗎？

是——Q3

否——Q5

（2）就算可以在超市和路邊攤買到同樣價錢、同樣品質的東西，你還是會選擇在超市買？

是——A

否——Q6

（3）你認為胖沒關係，只要胖在看不出來的地方就行。

是——Q8

否——Q6

（4）不拖到最後一分鐘，不會開始你必須要做的事。

是——Q10

否——Q9

（5）如果連續劇中有某一集沒看到，就會不想再看下去。

是——Q4

否——Q8

（6）對所有小動物都敬謝不敏。

是——Q12

否——B

（7）跟異性同事（同學）無法走得很近。

是——Q11

否——Q16

（8）喜歡逛購物網站。

是——Q9

否——Q13

（9）聽到好笑的笑話，一定要說給很多人聽。

是——Q7

否——Q13

（10）總是被八卦圍繞。

是——Q14

否——Q18

（11）買衣服喜歡買成套的。

是——Q2

否——Q7

（12）愛睡覺，只要沒睡飽就脾氣很大。

是——Q17

否——Q10

（13）即使不是因為工作，每天也會花一小時以上看報。

是——Q19

否——Q12

（14）只要有人在身旁講話，就無法專心做事。

是——Q9

否——Q13

（15）不會開車，也沒興趣學。

是——Q21

否——Q17

（16）家裡一定會擺自己和戀人的合照。

是——Q15

否——Q18

（17）不論任何情況，只要必須加班就會不爽。

是——A

否——C

（18）不吃的食物可以在3分鐘內列出超過10種。

是——Q21

否——B

（19）絕不買仿冒的名牌貨。

是——Q15

否——D

（20）有空就會自己下廚。

是——C

否——Q16

（21）對沒有好感的異性一樣表現得親切友好。

是——D

否——C

【解答】

A型：見光死。

你的約會也許並不少，可是卻常常被人家說「謝謝，再聯絡！」之類的話，追根究底，你有點任性又不夠體貼，雖然初見面的時候會給人好印象，但慢慢交往下去，卻會讓人想要掉頭離開。所以，改改你的壞脾氣吧！好好珍惜眼前人才是正經。

B型：內在美。

你不是那種第一眼就能吸引人的類型，但和你相處久了，就能感受到你的親切體貼，讓人深深的為你著迷。可惜你太過自矜，所以很多人都會看走眼，擦身而過，而只有那些獨具慧眼、成熟穩重的人才能看出你是多麼珍貴。如果還是感情的真空期的話，不妨讓自己主動一點，換個髮型或是化個妝之類的，適當展現一下自己的魅力會讓你更具吸引力。

C型：常勝將軍。

你做事認真努力，開朗活潑，和人往來時又放得開，很容易吸引對方的注意，也具有充分贏得對方的心的能力，所以在愛情的戰場上百戰百勝。只是如果能夠謙虛一點的話，會讓你更有魅力，也能避免別人的嫉妒。

D型：萬人迷。

你是那麼討人喜歡，所以每個人都喜歡你，可是你又太善良，總是不懂得拒絕別人，所以你這種人，說好聽點是個萬人迷；說得不好聽就是來者不拒。要記得什麼都選其實就是沒有選，有時候還是應該學會拒絕不愛的人，這樣其實對雙方都有好處，也能讓真正適合你的人浮出水面。

十二星座愛情占卜

【解答】

（1）牡羊座。

女性：衝動而早熟的牡羊女，在年輕的20歲左右很容易產生一見鍾情的愛情，並迅速陷入熱戀，閃電結婚，做個年輕的新娘。但是，隨著年齡和見識的增加，牡羊女看男性的眼光會越來越挑剔，因此在25歲到30歲這段時間內，反而不容易定下來。到了30歲之後，妳會清楚明白自己想要的他是誰，一旦遇見命中註定的另一半，就會安定下來。

男性：牡羊座不論男女都有著衝動熱情的個性，因此牡羊男也是容易早婚的一族，但是，過了20多歲的年齡之後，牡羊男會將大部分精力都放在事業上，直到30多歲之後，才會因看到周圍的人紛紛結婚、生子而產生成家的念頭，迅速的結婚成家。

（2）金牛座。

女性：理性的金牛在感情上也是很有理性的喔！因此金牛女一般情況下都會在適婚年齡時結婚，也就是23歲到29歲這段時間內，她們多半都會為自己規劃一個幸福的婚姻生活。

男性：金牛男個性謹慎，對於婚姻多抱著慎重的態度，而年輕時候他們多半會把精力放在學業和工作上，因此多在30歲之後結婚，而且金牛男很多都是相親結婚的喔！

（3）雙子座。

女性：很有異性緣的雙子女，婚姻狀況有早婚和晚婚兩種。早婚的人另一半多是學生時代就交往的男友，有了穩定的基礎後，早早就踏入了婚姻的殿堂；而晚婚派則會將青春用來享受單身貴族的自由生活，直到30歲左右才會結婚。

男性：雙子男在工作三到五年之後會產生強烈的結婚願望，但是到30歲之後，卻會覺得單身生活更自在。

（4）巨蟹座。

女性：保守而沉穩的巨蟹女，一向是將溫馨家庭做為人生的最大目標的，因此20多歲就結婚的巨蟹女是很多的。但如果過了30歲，巨蟹女的結婚運會下降，反而事業運上升。如果30歲時還沒有結婚，那過了40歲之後對婚姻的嚮往也會漸漸消失，成為不婚一族。

男性：珍惜家庭的巨蟹男在25歲到27歲的時候會有強烈的結婚的嚮往，也極有機會遇見自己的另一半，但如果過了這段時間，巨蟹會將興趣轉到事業或者其他的興趣上，到35歲之後才會有旺盛的結婚運。

（5）獅子座。

女性：熱情的獅子女是個戀愛女王，小小年紀就會有許多的戀愛經驗，因此20歲左右的獅子女會有很多的結婚機會喔！但是到了23歲到27歲，獅子女會將熱情和興趣轉到事業和娛樂上，結婚運也下降。直到30歲時，獅子女的結婚運才會重新上升，如果抓住機會，就會有幸福的婚姻生活。

男性：獅子男和獅子女一樣，從年輕起就有了許多的戀愛故事。但有著旺盛事業心的獅子男會將年輕時的精力都放在事業上，希望能夠事業有成，因此獅子男結婚多在32歲到35歲時，而且多半會選擇年輕女孩結婚。

（6）處女座。

女性：充滿女人味又溫柔的處女女很容易吸引異性的愛慕，在20歲時就會獲得很多的求婚，22歲到24歲是結婚運的最

高峰；過了這個年紀之後，處女女會因為成熟而有著更挑剔的眼光，更審慎的選擇異性，直到33歲到36歲結婚運才會再度上升。

男性：挑剔的處女男如果在工作三年之內沒有結婚的話，恐怕就會有很長一段時間的單身生涯了，一直要到30多歲之後，才會開始認真尋找自己的另一半。

（7）天秤座。

女性：30歲之前都是天秤女的桃花運時期，特別是在成熟與青春並存的25歲左右，更是會吸引眾多男性的目光，是結婚的好時機。但過了30歲之後結婚運會逐漸下降，如果想有一段美滿的姻緣，就在20多歲之時把自己嫁出去吧！

男性：比起婚姻來，天秤男更重視戀愛，所以要天秤男產生結婚的想法，估計要等到他厭倦了遊戲人間之後的30多歲才會考慮這個問題。當然，會有很少數的天秤男會因為office戀情在25歲左右結婚。

（8）天蠍座。

女性：個性獨立的天蠍女並沒有特別的適婚年齡，只要找到真心相愛的另一半，就會毫不猶豫的步入婚姻。當然，天蠍女結婚運最好的時候是25歲之前和35歲左右，只要戀愛就會迅速的結婚。

男性：天蠍男會以自己的方式尋找戀人，一般在27歲到30歲以及40歲前後比較有成家的願望。如果是學生時代的女友，那麼25歲之後就會結婚。

（9）射手座。

女性：射手女早熟且好動，所以令人意外的結婚者很多。22歲到24歲是射手女的第一個結婚高峰期，之後因為生活種種有趣的吸引，射手女對婚姻也就不那麼在意了，直到30歲到40歲的時候，才是第二次的結婚好時機。

男性：射手男沒有很確定的結婚時間，因為他們向來不在乎別人的看法，而只依自己的喜好行動。30歲之前的射手男更喜歡享受戀愛，而不是婚姻，而他們最好的結婚期在24歲到28歲及35歲左右。

（10）魔羯座。

女性：魔羯女會是截然不同的兩種人，要不是賢妻良母，要不就是職業女強人，所以魔羯女的結婚運也有兩種，賢妻良母型的魔羯女會在最適合結婚的25歲左右成婚，而事業女性則會奠定了事業基礎之後才考慮婚姻，因此結婚運多半會在35歲左右才到來，甚至會延遲到40歲。

男性：負有責任感的魔羯男認為必須有良好的事業基礎之後才能考慮婚姻，因此除非是對方強烈要求早婚，他們多半會在事業有了一定基礎的33歲到37歲時計畫結婚。

（11）水瓶座。

女性：不願意被束縛的水瓶座，結婚運在22歲前後及30歲前最旺，如此時有合意的人，則很有可能結婚，再次的結婚運會在37歲到40歲時來臨。20幾歲時的水瓶女對結婚會抱著敬而遠之的態度。

男性：35歲前後的水瓶男結婚慾望會上升。如果有學生時代的女友，那24歲到27歲時有可能成家，而20歲的其他時段和40歲以後，興趣將會轉移，根本沒有成家的念頭。

(12)雙魚座。

女性：充滿夢想的雙魚女結婚運很早就會降臨喔！20歲到22歲，25歲到27歲都會有幸福的婚姻出現，但是要注意的是，一旦過了29歲，結婚運就會下降，若想順利結婚，最好是在29歲之前把自己嫁出去喔！

男性：雙魚男同樣是早婚型，23歲到30歲是成婚的高峰期，尤其是24歲和28歲，結婚的雙魚男尤其多。但過了30歲以後，雙魚男可能會覺得結婚很麻煩。

化妝看妳的感情態度

愛美是女人的天性，化妝也是不少女人每天出門前必不可少的一道程序，但妳知道嗎？妳無意中的化妝順序其實正暗示著妳的愛情呢！而對男性而言，他所欣賞的那個部分，也可以看出他欣賞哪類女性。

占卜方法：

化妝的時候妳喜歡將重點放在那個部位呢？如果是男性，那你會先注意女性哪部分的化妝？

A、眼睛

B、嘴唇

C、兩頰

D、指甲

【解答】

A、眼睛。

女性：妳開朗自信，為人樂觀，做事又爽快，總是充滿著陽光般的笑容，非常討人喜歡。戀愛中妳是獨立型的戀人，但對情人的要求也高，妳看不起沒用的男人，希望自己的男友有一定的成就，可多穿顏色鮮豔的衣服，如橙色、桃紅色等，化妝大膽一點也無妨。

男性：你會喜歡活潑爽快的女孩，牡羊座、獅子座、射手座最適合。

B、嘴唇。

女性：妳善解人意，心思細密，性感又溫柔，但同時也多愁善感，較為情緒化。妳很看重愛情，戀愛時會非常投入，全心全意為對方付出，但同時妳也希望對方能夠溫柔體貼，分享妳的心情。妳適合穿那些女性化的衣服，如雪紡、絲質的，化妝方面，紫色系列較適合妳。

男性：你喜歡溫柔且有女人味、小鳥依人般的女孩，巨蟹座、天蠍座、雙魚座最適合。

C、兩頰。

女性：妳性格踏實上進，做事認真，而且很有毅力，會為自己的目標不斷努力。妳對於感情非常認真，渴望天長地久的愛情，絕不會抱著玩玩的心態戀愛，一旦拍拖，妳就希望跟對方建立家庭。妳適合那些成熟、大方的服飾，化妝方面，淺色系比較適合妳。

男性：你喜歡成熟含蓄、不太花俏的的女性，金牛座、魔羯座、處女座最適合。

D、指甲。

女性：妳活潑好動，聰明伶俐，總是充滿了好奇心，什麼都想學，什麼都想嘗試。對於愛情，妳總是追求新鮮感，如果對方不能常給妳新鮮好玩的感覺，妳很快就會厭倦，又或一腳踏幾船。服飾方面可穿一些較中性的衣服，會顯得妳更有型、瀟灑，化妝方面，粉色系列最適合妳。

男性：你喜歡聰明、能溝通的女性，可以做情人，也可以是知己，天秤座、雙子座、水瓶座最適合。

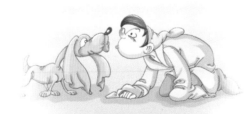

一個字看他是否真心

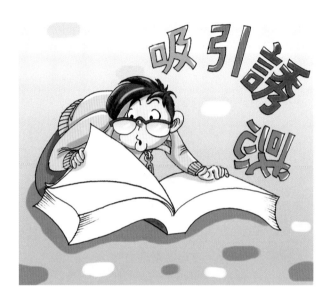

從下面的四個字中任意選擇一個，看看他對你是真心實意還是抱著玩玩的態度。

A、吸

B、引

C、誘

D、惑

【解答】

A、「吸」就是「口頭敷衍、未及真意」。這個字說明對方只是「口」頭上說說，沒到真心，你要當心了。

B、「引」就是「彎弓射箭、正中紅心」。既然是正中目標，說明他是認真的。

C、「誘」就是「言真語誠、繡球高懸」。他的言語中以中繡球為目標，也就是說他的目的是結婚，可見他是認真的。

D、「惑」就是「或許變心、不必負責」。雖然有心，但卻無法肯定他的心會往那邊走，所以要小心他是玩玩的。

漢字測你最近的感情運

隨意拿身邊的一本書，任意翻開一頁，然後隨手指出一個漢字，數數它的筆劃有多少，就可以知道你最近的感情會有什麼樣的發展了。

A、0～14劃

B、15～28劃

C、29～42劃

D、43～56劃

【解答】

A：桃花旺盛。

現在正是你感情運大旺的時候，如果你還沒有戀人，那麼你很有可能在短時間內找到一位意中人；如果已經有另一半的話，你們的感情也會更進一步。

B：出現分歧。

沒有戀人的你最近可能不會遇到合適的人，但不必急，理想的對象總是會出現的；如果已有戀人，那要小心會因為小事而造成分歧，與對方爭執，雖然最後會冰釋前嫌，但這樣的爭吵還是不要發生的好。

C：起伏不定。

沒有戀人的你，想想是不是因為自身的性格和處事方式而讓自己至今單身呢？不如嘗試改變自己的性格吧！已有戀人的你，則要小心因性格問題與對方爭吵，導致感情出現危機。

D：小心為上。

最近的你並不是感情運來臨的時候，沒有戀人的話，不妨耐心的等待；有戀人的話，對你的感情要小心呵護，因為你很有可能因為小事導致爭吵，甚至不可挽回的裂痕。

你的情敵是什麼樣的人

忽然感覺到你的戀情中多了一個人的影子，可是你暗戀的人卻始終沒有向你表示好感，於是讓你覺得是不是有另外一個人的存在，想不想知道你究竟有沒有情敵，而情敵又是什麼樣的呢？

占卜方法：

準備一副撲克牌，只留下四張A以及各種花色從7到K總共32張牌；洗好牌，從牌中抽取七張從左至右依次排列；翻開自左邊數到的第一、四、七張牌，就能知道你所問的情況了。

【解答】

如果三張牌中沒有黑桃的話，那麼你根本沒有情敵，放心大膽的去愛吧！

如果有三張黑桃，哎！看來你眼光很好，喜歡的人也有很多人中意喔！情敵滿天下，你還是省省力氣吧！

如果是一或兩張黑桃，那麼從數字中可以知道對方是什麼樣的人：

黑桃A——有成就而聰明的人。

黑桃7——長相出眾。

黑桃8——風頭很足的人。

黑桃9——有錢人。

黑桃10——偶遇者。

黑桃J——年幼的人。

黑桃Q——年長的人。

黑桃K——比你高的人。

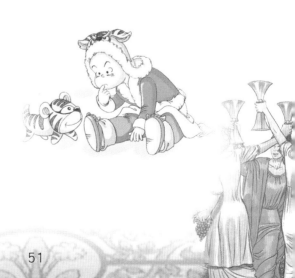

情人節巧克力的愛情寓意

巧克力已經成為了情人間最必不可少的禮物之一，可是，送不同的巧克力會有不同的內在意義呢！也許你在選擇巧克力的時候只是隨意挑選，但實際上卻能反映你潛意識中的某些想法，比如你對戀人的看法以及期望；同樣的，你的戀人送你什麼樣的巧克力，也可以反映出你在情人心目中的位置。

下面的巧克力中，哪一種是你會優先送給戀人的，或者是你的戀人會選擇送給你的呢？

A、牛奶巧克力

B、黑苦巧克力

C、白巧克力

D、果仁巧克力

E、薄荷巧克力

F、酒心巧克力

【解答】

A、牛奶巧克力。

你對戀人：你覺得戀人純真乖巧，彷彿孩子一樣天真，雖然很珍惜對方，但覺得對方有時太過稚氣，缺少了一份征服的滿足感。這段情少了一份反動的張力，隨時有被甩掉的危機，要好自為之。

戀人對你：戀人覺得你是可愛的小公主或小王子，很想保護你，不過要小心長此以往，被對方呵護太過的你失去了獨立生活的能力。

B、黑苦巧克力。

你對戀人：你覺得戀人刻苦耐勞，做事踏實，而且個性獨立，有主見，是可以依靠的終生伴侶，你很珍惜對方，希望兩人能夠互相幫助，互相依靠，成為終生的伴侶。

戀人對你：對方認為你很神祕，覺得你有著豐富的過去，幻想你的過去背負一大堆情債，很希望自己可以做拯救你的那一位。基本上對方很癡戀你，只是做人優柔寡斷，不懂把握時機。

C、白巧克力。

你對戀人：你認為戀人沒有主見，凡事都要你決定，讓你覺得有點累；但這樣你做什麼對方都不會反對，而只會無條件的支持。

戀人對你：戀人欣賞你的脫俗，不食人間煙火，但時間久了又覺得你太脫離世俗，覺得辛苦，想要離開你，卻捨不得你的柔情萬分，現在正處於進退兩難之間，一切聽天由命吧！

D、果仁巧克力。

你對戀人：跟戀人的相處雖然缺少火熱的激情，但卻多了一份細水長流的感覺，戀愛開始時你就覺得對方是你尋覓了終生的那一位，唯一覺得不太滿意的是戀人太過循規蹈矩。

戀人對你：對方對你一心一意，願意隨時隨地陪在你左右，為你付出。戀人有點傻氣，使你少了一份戒心，也會讓你著迷，但小心對方會做出一反常態的怪誕行為。

E、薄荷巧克力。

你對戀人：你覺得戀人很有生活情趣，浪漫溫柔，是你夢寐以求的最佳情人，但性情卻太過瀟灑不羈，讓你缺乏安全感，使你總覺得戀人會對你做出不忠的事。

戀人對你：對方很重視你，但他覺得你是前衛時尚，願意接受新事物的新人類，有些貪玩，還沒有定性，所以對你不大放心，時常會注意你的行為。

F、酒心巧克力。

你對戀人：你的戀人是情場高手，成熟聰明，令你完全甘拜下風，結果對方說一你不敢說二，似主僕多過似情人，長年在戀人的呼喝下生活，令你喪失了自尊，還是早點考慮離開對方吧！

戀人對你：你喜歡挑戰和刺激，勇於嘗試新事物，但卻忽略了戀人的感覺，不知不覺冷淡了他，讓對方坐立難安，希望你們的感情能夠進一步發展。不過可以放心的是，對方對你的感情是很深的，你們的感情中你佔上風。

二十八星宿愛情占卜

西方有十二星座，中國有傳統的紫微十四星，而在日本，也將人的出生日期按照中國傳統的二十八星宿劃分，這也就是二十八星宿占卜法。

【解答】

（1）牛宿（12月22日～1月5日）

你對每段戀情都非常投入認真，絕不只是玩玩而已，也絕不會一腳踏兩船。你對情人非常尊重，而且懂得包容他，被你愛上的人非常幸福喔！唯一需要擔心的是有時太過時態講錯話，可能得罪對方。而暗戀雖然會讓你患得患失，但你同時又很享受這種感覺。

真愛方位：西北。

吉祥物：公牛。

（2）女宿（1月6日～1月19日）

在戀愛之前，你總覺得愛情對你來說並不重要，朋友、家人，甚至事業都比戀愛重要，所以你總是拒絕別人對你的追求，但是，只要你的真命天子出現，你這座冰山就會融化，乖乖地跟隨他，成為熱情的情人。

真愛方位：東。

吉祥物：少女。

（3）虛宿（1月20日～1月29日）

你喜歡自由自在，最討厭約束，如果你的另一半太過糾纏或無理取鬧，你會毫不猶豫的分手。對於飛來的豔福你毫無招架之力，結果弄出好多糾纏不清的霧水情緣。和你在一起的戀人非常沒有安全感，因為你總是毫無愧疚地做出種種不負責任的事情。

真愛方位：西。

吉祥物：野馬。

（4）危宿（1月30日～2月8日）

你的戀愛態度十分開明，忘年戀、多角戀、師生戀、婚外情，只要有感情你就能接受。雖然別人難以理解你，但只要能接受的就能成為你的好朋友，更有可能發展成你的戀人，而且，你的桃花運還非常旺盛呢！

真愛方位：東南。

吉祥物：五角星。

(5)室宿(2月9日～2月18日)

你可以和沒什麼感情基礎的人戀愛，也可以在人前扮得恩愛無比，但其實內心卻很空虛，你很難遇到令你真正全心投入的戀人，也不知道自己在做什麼，其實你除了需要一個真正去愛的人，還需要一個心理醫生。

真愛方位：北。

吉祥物：吉他。

(6)壁宿(2月19日～3月5日)

你嚮往溫馨的愛情和婚姻，希望能夠擁有天長地久的愛情，白髮齊眉，兒孫滿堂。但你的感情太過脆弱，接受不了太多的變故和起伏，小小的挫折都會讓你驚恐，所以平淡如水的感情生活比較適合你。

真愛方位：東。

吉祥物：海豚。

(7)奎宿(3月6日～3月20日)

你非常享受被暗戀、被追求的感覺，對所有的追求者都來者不拒，也很容易接受他人的愛。但你太容易把每段愛情都想得太過美好，充滿幻想，結果現實生活中卻發現對方根本沒有你想的那麼理想化，於是又開始後悔，嫌棄對方達不到你的理想而提出分手，弄得換情人和換衣服一樣頻繁。

真愛方位：南。

吉祥物：紅心。

（8）婁宿（3月21日～4月4日）

你性格樂觀開朗，戀愛態度積極主動，如果遇上了自己喜歡的人，會主動追求對方。你每天都過得開開心心的，讓你的戀人也會開心起來，一點壓力都無。不過你討厭糾纏不清、拖泥帶水的感情，如果不小心陷入了三角戀，就算你不是第三者，也會是首先退出的那一個。

真愛方位：西北。

吉祥物：蘋果。

（9）胃宿（4月5日～4月19日）

妳性情溫順，樂於助人，朋友們多半都得到過妳的幫助。不過妳對異性的要求較高，特別是身材、外貌，妳會很挑剔的。另外，如果自己不喜歡的人對妳表白，妳會覺得對方很討厭。同時妳也是非常容易為愛受傷的角色，選擇成熟、穩重的男性比較適合妳。

真愛方位：北。

吉祥物：金橘。

（10）昴宿（4月20日～4月30日）

你是個愛情至上主義者，為了愛情可以犧牲所有的一切，無條件的付出。你渴望愛情充塞你所有時間，甚至每一條血管。你的擇偶條件不算太高，只要情人對你好就足夠。你的每一段感情進展都很快，短短時間內就有談婚論嫁的舉動，因此你往往比人早婚。

真愛方位：東南。

吉祥物：閃電。

（11）畢宿（5月1日～5月10日）

你太過冷靜、太理智，缺少愛情中令人昏頭的熱情，你的戀愛就像計算好的方程式，對方的外貌、身材、家產、背景都要一一經過詳細的考慮，但要知道，有時候愛情是不可能太理智的，有時太深思熟慮，對方的熱情冷卻之後才後悔就太遲了。

真愛方位：南。

吉祥物：雪花。

（12）觜宿（5月11日～5月20日）

你對愛情太過患得患失，缺乏安全感，始終不肯將自己全部奉獻給對方，總是希望對方愛你百分之百，而自己卻只愛對方80%，因為這樣你才有十足的安全感。而且你總是疑心對方瞞著你做了些什麼，所以經常問對方昨晚去了哪、為什麼這麼晚才回電話等問題，終於讓對方失去耐心。

真愛方位：東北。

吉祥物：雀鳥。

（13）參宿（5月21日～6月5日）

你聰明伶俐，對愛情充滿了好奇，希望能夠瞭解各種不同性格的異性。你的理想戀人最好是多才多藝、天天可以帶給你新鮮感的人，不過一旦戀愛你就會很專心，收拾起對其他異性的好奇心。

真愛方位：西。

吉祥物：貝殼。

（14）井宿（6月6日～6月21日）

你喜歡無拘無束的生活，就算是戀愛也不能束縛你，談戀愛最好只談風花雪月，不要涉及你的私人生活，未來、婚姻之類的話題對你而言太沉重了。其實你是個比較花心的人，但因為外表上看起來卻能給人專一的感覺，讓你成為了不折不扣的愛情殺手。

真愛方位：西南。

吉祥物：太陽花。

（15）鬼宿（6月22日～7月7日）

你覺得戀愛是神聖而高貴的事，是精神上的滿足，其他都不重要。你相信只要深愛對方，就算不是整天見面，或者相隔萬里，兩人的感情也可以維繫，因此你對戀人非常信任，給予他充分的自由。但有時偏偏他會覺得你不夠關注他。

真愛方位：南。

吉祥物：山。

（16）柳宿（7月8日～7月22日）

你想法天真，很容易被甜言蜜語及浪漫氣氛所影響，輕易的對別人動心，但當熱情過後，又會發現對方其實不一定適合你。要小心月圓的時候，因為月亮的引力會令你的自制能力減到最低，做出一些自己都意想不到的事情。

真愛方位：東北。

吉祥物：斧頭。

（17）星宿（7月23日～8月1日）

你性格爽朗，只要談戀愛就會大大方方讓別人知道，而且你喜歡年紀大過你很多的伴侶，覺得能夠給你安定的感覺。但你嫉妒心太強，對方稍有些動靜，你就會大興問罪之師。

真愛方位：西。

吉祥物：風車。

（18）張宿（8月2日～8月11日）

你很看重戀愛，對愛情非常認真，尤其痛恨那些玩戀愛遊戲的人，一旦讓你發覺戀人對你不忠實，會立刻抽身離去。但是你卻容易被那些情場殺手玩弄，因為你很難分辨他們是真心還是假意。你的真愛會在30歲前後出現。

真愛方位：北。

吉祥物：車輪。

（19）翼宿（8月12日～8月22日）

你對愛情很認真，絕不容許戀人有半點異心，一旦發現會毫不猶豫分手，不過你溫柔和善，所以很受歡迎，從來都不缺乏愛情的滋潤。你很容易吸引他人的目光，但也要小心招惹到同性戀者的青睞。

真愛方位：東南。

吉祥物：蝴蝶。

（20）軫宿（8月23日～8月26日）

你渴望浪漫的愛情，覺得愛情一定要古典浪漫，比如月光下的海邊沙灘上，你和戀人赤腳跳著華爾滋之類。但是要小心，太過浪漫的愛情容易不切實際，會令你在現實生活中折戟喔！

真愛方位：北。

吉祥物：雲。

（21）角宿（8月27日～9月22日）

你一旦戀愛便欲罷不能，彷彿中毒一樣沉浸在自己的愛情世界裡，將自己幻想成電影或愛情故事的女主角。但是要小心，太過沉醉於自己的幻想世界，會冷落你的戀人，忽略對方的感受，久而久之會讓他失望喔！

真愛方位：西。

吉祥物：箭。

（22）亢宿（9月23日～10月7日）

你心氣高傲，善於交際，往往是眾人注目的焦點，你希望對方是個高貴出色的人，因此你的愛情往往發生在高級會所這些地方。但你的愛情往往不能持久，因為一旦你發現更好的人，會毫不猶豫的追求新的感情。

真愛方位：東南。

吉祥物：酒桶。

（23）氐宿（10月8日～10月23日）

你喜歡和朋友們在一起玩樂，身邊總是不缺人，所以你的戀情大多是由友情轉化而來的，多留意你身邊的朋友吧！不過因為你朋友太多，對你有心的人很容易覺得你已經有另一半了，結果斷送了你不少良緣，但只要你主動表白愛意，基本上會手到擒來。

真愛方位：西南。

吉祥物：皇冠。

（24）房宿（10月24日～11月2日）

你外冷內熱，看起來高傲冷淡，結果嚇跑了不少身邊對你有意思的異性，其實你只是不懂得該如何表達自己的感情而已，所以，不要考慮太多了，好好的敞開心房，試著接受身邊的人吧！

真愛方位：東。

吉祥物：粟米。

（25）心宿（11月3日～11月12日）

你對肉體關係比較隨便，可以單純享受性愛，也可以相信真愛由性開始。其實你的內心非常渴望有人能夠瞭解你，永遠的陪伴你，但偏偏身邊的人總是很快讓你厭倦，所以你的每段感情都不會很長久。其實只要你對愛情多點信心，就能夠得到你想要的人。

真愛方位：西北。

吉祥物：號角。

（26）尾宿（11月13日～11月22日）

你感情投入，每次戀愛都會覺得是一生一世的事，但這樣的愛情太過沉重，讓你無法去好好享受它。而且就算對方越軌你也不想分手，而是默默的承受，希望靠自己的隱忍獲得長久。

真愛方位：東北。

吉祥物：稻草人。

（27）箕宿（11月23日～12月7日）

你活力十足，崇尚自由戀愛，沒有愛情的日子你會覺得空虛無比，但偏偏你的戀愛觀自由到讓你可以一腳踏幾船也不覺得自己做錯了。你反感婚姻，覺得婚姻扼殺了你的自由。

真愛方位：南。

吉祥物：長茅。

（28）鬥宿（12月8日～12月21日）

你一直都渴望愛情，希望能夠享受愛與被愛。你很善於製造浪漫，也期望能有一段鐵達尼號式的戀愛，可惜現實生活離你的理想太遠，讓你不免有些失望。若是懂得放開懷抱，相信你的愛情會更加甜蜜。

真愛方位：南。

吉祥物：金幣。

出生日看你和他（她）的愛情緣分

將你們出生日的數字相減（大數減小數），所得到的數字就能夠預示你們的緣分了。比如你是20號出生，他（她）是12號出生的話，那所得的數字就是20－12＝8。將所得的數字對照下面的解答就可以OK啦！

【解答】

0：80% 最佳拍檔。

你們的想法非常相似，因此會很合拍，只是因為太相似了，會使得生活有些沉悶，所以不妨多製造一些甜蜜的意外，給生活加點料。

1：85% 一見鍾情。

初相識的你們就知道對方是自己一直等待的人了。

2：35% 互相利用。

兩人在戀愛時都會考慮利弊，一旦覺得害處比益處更大，那戀情就結束了。

3：25% 互相猜疑。

兩人中有一個疑心病太重，總是會將對方的行為往壞處想，久而久之，感情也就消磨了。

4：70% 美好邂逅。

兩人偶然相遇，志趣相投，就會順理成章的陷入熱戀。

5：60% 主僕關係。

你們兩人的關係並不對等，不像戀人而更像主僕，等你們體會到愛情需要的是相互依賴和付出，也許感情才能長久。

6：90% 幸運情侶。

你們的交往會給彼此帶來好運喔！不過記得要互相呵護，才能天長地久。

7：45% 彼此忍受。

你們身上有很多彼此都不能接受的地方，但兩個人卻仍然相互忍受，維持彼此的關係。

8：55% 先甘後苦。

起初男方會極力討好女方，讓女孩子覺得所有事都有人幫忙分擔，異常甜蜜，但日子久了，卻會覺得過分甜膩，喪失了自身。

9：60% 似遠還近。

雙方看起來完全不是一個世界的人，個性與想法都截然不同，但卻意外成為了戀人。

10：25% 鬥氣冤家。

兩人老是爭爭吵吵，意見相左，要長久在一起的話恐怕需要奇蹟。

11：80% 平淡見真情。

兩人的感情是細水長流型，有好結局的可能性很高。

12：15% 受氣包。

一方太過情緒化，另一方要有極大的包容心感情才能長久。

13：50% 似愛非愛。

雙方價值觀不同，卻彼此互相吸引，但要維持長久的關係，需要雙方的努力。

14：10% 不搭調。

兩人如同水火不相容，就算暫時在一起，也很難長久。

15：70% 妹妹情人。

女方以男友為天，百依百順，但時間久了是會讓對方覺得煩的。

16：45% 強弱組合。

男方比較強勢，但女方也甘願順從。

17：20% 分手收場。

兩人完全沒有共同點，分手是遲早的事。

18：30% 癡迷情人。

男方無論說什麼對方也覺得是對的，毫無理智可言。

19：80% 上進情侶。

兩人能互相鼓勵，共同進步，幸福指日可待。

20：45% 難免變心。

熱戀時會遷就對方，一旦變心就無法挽救。

21：15% 孽緣。

兩人的感情遲早都會結束。

22：85% 完美情人。

女方會被對方的學識及經驗所吸引，而陷入愛情。

23：5% 早散早好。

你們的戀情顯然是個錯誤，還是盡早結束它吧！

24：65% 說謊情人。

雖然相愛，卻總有自己的祕密不願意相互坦白。

25：15% 知己朋友。

兩人與其說是戀人，不如說是知己好友更恰當。

26：55% 歡喜冤家。

兩個人見面就吵，但偏偏越吵感情越好。

27：80% 人間絕配。

雙方都懂得為對方著想，是令人羨慕的情侶組合。

28：30% 暴力情侶。

兩人不只吵吵鬧鬧，更甚者還會大打出手。

29：60% 分分合合。

情路坎坷，分分合合，總是讓人提心吊膽。

30：80% 超塵脫俗。

雖然沒人看好你的這段感情，但你卻很享受它帶給你的快樂。

有人暗戀你嗎？

在下面的四個字中憑直覺選擇一個，就知道有沒有人暗戀你了。

A、偷。

B、暗。

C、戀。

D、我。

【解答】

A：偷是「人在俞（餘）旁」，也就是說有人在你旁邊，亦即你身邊有人暗戀你。而俞加口字為喻，即「不言而喻」的意思，也就是說你是知道有人暗戀你的喔！

B：「暗」字的含意是「只聞梯響，日照沒影」，因為暗字是「日」字加上「音」字，意思是有人一直講，但太陽一照連個影也沒有，表示沒有人暗戀你。

C：「戀」字中有「言」、有「心」、有「絲」，表示已經開始開口談心，而且情絲糾纏，也就是說你們的關係已經不是暗戀，而是戀愛了。

D：「我」字中暗藏代表兩性的偏旁，說明有人暗戀你，但你完全不知道。

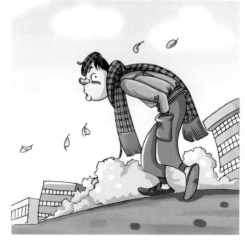

戒指占卜戀愛前兆

準備一只指環，要沒有任何鑲嵌物的那種，用自己的頭髮把戒指綁著吊起來，用右手拿著頭髮提起來，將左手平攤在戒指旁邊，提著戒指在左手上輕輕碰一下，然後輕輕晃動戒指，想知道你哪一歲的結果，就晃動多少下。晃完之後，將戒指提到左手上方，看戒指的運動狀態，就能知道你那一歲的情況了。

【解答】

戒指靜止不動或自轉，那這年你沒有戀愛；戒指左右晃動，這一年你會戀愛；戒指在手掌上方畫圈，是結婚的意思。

你傾心於哪種異性？

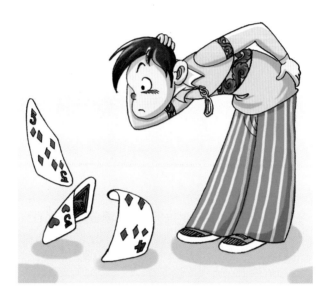

假如叫你設計一款新的撲克牌，在原本紅心、黑桃、梅花和方塊四種圖案之外再增加一種圖案，那麼你的第一感覺會選擇下面哪種圖案來做為第五種花樣呢？

A、月亮形

B、象棋形

C、空心圓形

D、漏斗形

【解答】

A、你會喜歡上的是一個對未來充滿憧憬的人，他對於理想的盼望和熱情令你心動，使你不由自主地被他編織的未來吸引。但是要注意的是，有時候光有理想是不夠的，你需要看看他是否有實現夢想的勇氣和行動，否則日子久了，你會發現這個空想家無法帶給你幸福。

B、你會被那些優秀的人所吸引，他們頭腦靈活、反應機敏，做起事來總是比其他人更勝一籌，讓你從傾慕到喜愛。如果你是男性，那麼你容易被那些年紀稍長於你的事業型女性吸引；如果妳是女性，則容易愛上社會精英或專業人士。不過妳要學會分辨他們的行為，看清楚對方對妳是否付出了同等的真心，否則受傷的只會是妳。

C、你喜歡那些相貌出色、穿著時尚的人，對於外表的美麗你總是無法抗拒，因此往往容易一見鍾情。即使你發覺對方其實並不適合你，你還是不願意離開，繼續守候在對方身邊，其實太過追求外表並不是一件好事，它會讓你錯過你生命中真正的愛人。

D、你對於愛情總是保持著慎重的態度，就算是第一眼能夠令你心動，你還是會保持觀望的態度，直到雙方瞭解清楚之後，才決定要不要發展這段感情。所以你的感情多半是在相處一段時間的朋友中發展的，雖然會讓你錯過很多浪漫，但你的感情生活卻能夠持久。

飲料提升魅力

展現魅力有很多方法，服飾、化妝、動人的姿態、誘惑的語言，不過有時候，選擇適合妳的飲品也會提升妳的個人魅力，讓妳的優雅和情感得以展現。

占卜方法：

（1）與朋友聚餐時妳更樂意選擇郊外野餐？

是——2

不是——3

（2）妳在15歲之前就對人動過心？

是——4

不是──5

（3）妳喜歡踢足球嗎？

是──6

不是──7

（4）手機響起時妳會立刻接聽？

是──8

不是──17

（5）妳喜歡烹飪嗎？

是──10

不是──11

（6）要旅行之前，妳會做好詳細的計畫？

是──12

不是──13

（7）妳覺得婚姻是很嚴肅的事情嗎？

是──14

不是──15

（8）妳喜歡安靜的生活嗎？

是──16

不是──17

（9）學生期間妳的成績很好？

是──18

不是──19

（10）妳的身高在165公分以上？

是──20

不是——21

（11）妳認為相貌很重要？

是——8

不是——10

（12）妳喜歡吃甜的東西？

是——9

不是——10

（13）妳認為親情比愛情更重要？

是——10

不是——8

（14）大家都認為妳是個好人？

是——9

不是——8

（15）妳喜歡鮮豔的顏色？

是——10

不是——9

（16）妳喜歡吃海鮮？

是——A型

不是——17

（17）妳喜歡雨天？

是——B型

不是——18

（18）妳很容易喜歡上一個人？

是——C型

不是——19

（19）妳很八卦，喜歡打聽各種消息？

是——D型

不是——20

（20）妳很容易哭泣？

是——E型

不是——21

（2）妳常常感覺孤單？

是——F型

不是——G型

【解答】

A型：雪碧。

妳冰雪聰明，和晶瑩剔透的雪碧再配不過了。在這個物質的時代裡，誰能抵得過清純的誘惑呢？當妳手拿著一罐雪碧，輕快地走在陽光下的時候，相信所有男生的目光都會被妳吸引。

B型：茶。

妳是沉穩內斂的空谷幽蘭，與世無爭，但總是能在關鍵的時刻給人安慰，所以盡量發揮妳的優點吧！不用裝可愛扮天真，安靜的坐在一邊飲茶的妳才是真正的魅力無窮。

C型：可樂。

妳精力十足，樂觀活潑，無憂無慮的妳，永遠有用不完的衝勁與活力，所以，不論是在熱鬧的速食店，還是野外的聚會上，拿著可樂、熱情洋溢的妳會讓所有的男生都心跳不已。

D型：純淨水。

妳總是喜歡把自己的樣子換來換去，希望自己做個多面女郎，在任何方面都能夠做到最好，卻不知妳的多變會讓人疑惑。記得最真實的妳才是最具吸引力的，多多充實自己，展現出妳最真實的一面，要知道只有當妳拿出一瓶純淨水暢飲之時，別人才會有試著瞭解妳的衝動，因為妳終於變得有點真實感了。

E型：咖啡。

妳目標明確，總是希望能夠主宰自己的一切，就算年歲增長妳也不會老去，只會更加成熟，更有風韻，所以一杯濃濃的咖啡最適合妳的風格，在香醇的咖啡香中人們會體會到妳的魅力。

F型：果汁。

妳清純可人、秀外慧中，大家都很喜歡妳，不過濃烈的香水味會阻礙妳的親切氣質，還是讓清新的果香來提升妳的魅力吧！來瓶果汁，眾人中的妳會讓人耳目一新。

G型：香檳。

妳優雅高貴，當然要高貴的香檳來配啦！在觥籌交錯的酒會中，當人們看見手持香檳的妳，一定會想邀妳共舞；而當妳手持香檳獨自神傷時，同樣能激起男人的保護慾，開始一段浪漫的愛情故事。

戀愛密碼看你們的感情

就像DNA一樣，每個人都有一個屬於自己的「戀愛密碼」，從你的密碼中，能夠看出你愛情的走向，而你和他（她）密碼的對照，就能知道你們的緣分，預知你的暗戀會否有結果。

占卜方法：

將你出生年月日的數字相加，比如你是1997年8月15日出生的話，就是1997＋8＋17＝2022，2＋0＋2＋2＝6，那麼你的戀愛密碼就是6。若數字大過10，那麼就再次將個位數和十位數相加，最後得出的個位數就是你的戀愛密碼。

【解答】

（1）你的戀愛密碼：1

相對對策：主動

對方的戀愛密碼：1、5、8

暗戀成功率：高

其實對方也在注意你，現在缺少的只是一個契機而已，不如主動一點吧！

對方的戀愛密碼：2、6、9

暗戀成功率：中

不妨主動一些，多做些暗示。

對方的戀愛密碼：3、4、7

暗戀成功率：低

對方根本沒有留意到你，先讓對方知道你的存在再說吧！

（2）你的戀愛密碼：2

相對對策：按兵不動！

對方的戀愛密碼：1、6、7

暗戀成功率：低

最好還是死心吧！

對方的戀愛密碼：2、4、5

暗戀成功率：高

即使你不主動表態，對方也會主動向你走近！

對方的戀愛密碼：3、8、9

暗戀成功率：中

別急著把你的感情表現出來，以免嚇跑對方。

（3）你的戀愛密碼：3

相對對策：耐性，矜持

對方的戀愛密碼：1、7、8

暗戀成功率：低

暫時是不會有結果了，不怕等到頭髮白就等吧！

對方的戀愛密碼：2、5、9

暗戀成功率：高

你大方得體的表現最吸引對方，多多展現自己的長處吧！

對方的戀愛密碼：3、4、6

暗戀成功率：中

雖然對方對你也有好感，但真正的戀愛恐怕還要經過很漫長的準備。

（4）你的戀愛密碼：4

相對對策：死纏爛打

對方的戀愛密碼：1、7、9

暗戀成功率：中

多找機會接近，對方自然會明白你的心意。

對方的戀愛密碼：2、5、8

暗戀成功率：低

雖然暗戀的成功率不高，但可以試試直接表白，或許會有意外的收穫。

對方的戀愛密碼：3、4、6

暗戀成功率：高

雖然對方沒什麼特別的表示，但其他他很注意你。

(5)你的戀愛密碼：5

相對對策：從做朋友開始！

對方的戀愛密碼：1、2、6

暗戀成功率：中

有時候主動，有時愛理不理，對方更會留意你的存在。

對方的戀愛密碼：3、7、8

暗戀成功率：高

有時候適當的距離會讓他想念你，或者讓對方知道有人在追求你，危機感會觸發他。

對方的戀愛密碼：4、5、9

暗戀成功率：低

無論做什麼對方都不會注意你，還是放棄吧！

（6）你的戀愛密碼：6

相對對策：從朋友做起！

對方的戀愛密碼：1、2、3

暗戀成功率：低

能做朋友恐怕都很難。

對方的戀愛密碼：4、8、9

暗戀成功率：中

先培養友誼，待大家更瞭解後，成功率自然會提高。

對方的戀愛密碼：5、6、7

暗戀成功率：高

成為無所不談的好朋友，對方自然會更重視你！

（7）你的戀愛密碼：7

相對對策：改變自己

對方的戀愛密碼：1、4、9

暗戀成功率：高

在適當的時候讓對方眼前一亮，他自然會被你吸引。

對方的戀愛密碼：2、3、6

暗戀成功率：低

對方暫時還沒有留意到你，你需要做出脫胎換骨的大改變。

對方的戀愛密碼：5、7、8

暗戀成功率：中

其實對方對你也又好感，如果能改掉你的某些小毛病，他也許就不會猶豫了。

（8）你的戀愛密碼：8

相對對策：從對方的朋友入手

對方的戀愛密碼：1、2、8

暗戀成功率：高

在有眾多人的聚會中，反而更能凸顯你的魅力。

對方的戀愛密碼：3、5、9

暗戀成功率：低

看看有沒有新目標，方為上策。

對方的戀愛密碼：4、6、7

暗戀成功率：中

與他的朋友保持聯繫，找機會參與他們各種聚會。

（9）你的戀愛密碼：9

相對對策：找人幫忙

對方的戀愛密碼：1、2、4

暗戀成功率：中

與過來人商討對策，對方會給你最好的建議。

對方的戀愛密碼：3、5、6

暗戀成功率：高

試試請一些信得過的好朋友替你明示、暗示，成功率極高喔！

對方的戀愛密碼：7、8、9

暗戀成功率：低

暗戀無望，及早死心吧！

撲克牌占卜感情發展

再自信果斷的人，一旦面對感情總難免會迷惘，因為瞭解對方的心那麼難，如果靠你自己無法掌握未來的話，試著問問上天！

占卜方法：

（1）準備一副撲克牌，留下去掉大小鬼牌之後的五十二張牌。

（2）洗好牌，將撲克牌從上到下數出和你的年齡相同的那張牌，即如果你20歲的話，那就拿出第20張牌，放到一邊。

（3）再次洗牌，按照上面的方法拿出對方的年齡對應的那張牌，也就是如果對方23歲的話，拿出第23張牌放到一邊。

（4）再次洗牌，將你們年齡之和的個位數算出來，然後將對應的那張撲克牌拿出來。比如20＋23＝43，那個位數就是3，那就是拿出第3張牌。但如果你們兩人的年齡之和為0的話，那就當做10來計算。

（5）再次洗牌，然後任意抽出一張，將四張牌擺在一起，經由花色的組合，就能知道你們的感情前景了。

【解答】

1、紅心、紅心、紅心、紅心：毫無疑問，你們是非常理想的一對。

2、紅心、紅心、紅心、方塊：你們現在的感情非常融洽。

3、紅心、紅心、紅心、梅花：你們做朋友也許好過做戀人。

4、紅心、紅心、紅心、黑桃：兩人佳期將至。

5、紅心、紅心、方塊、方塊：現在的你們正在享受熱戀。

6、紅心、紅心、梅花、梅花：你們兩人很適合，是理想的情侶。

7、紅心、紅心、黑桃、黑桃：也許對方沒有你想像中的那麼好。

8、紅心、紅心、方塊、梅花：當心被嫉妒破壞了你們的感情。

9、紅心、紅心、方塊、黑桃：感情出現了障礙，但只要兩人同心協力就能度過難關。

10、紅心、紅心、梅花、黑桃：最後的衝刺是最重要的，千萬不可以輕易放棄。

11、紅心、方塊、方塊、方塊：你們是相親相愛的一對。

12、紅心、梅花、梅花、梅花：早點表白你的心吧！不會令你失望的。

13、紅心、黑桃、黑桃、黑桃：好好考慮下，再決定你們之間的這份感情吧！

14、紅心、方塊、方塊、梅花：小心，會有情敵出現喔！

15、紅心、方塊、方塊、黑桃：對方將是你理想的另一半。

16、紅心、梅花、梅花、黑桃：你和他之間很難長時間相處下去。

17、紅心、黑桃、黑桃、梅花：問問你自己是不是還不夠信任他，或者有什麼重要的事情瞞著他。

18、紅心、方塊、黑桃、黑桃：未來的你會遇到更理想的對象。

19、紅心、梅花、黑桃、黑桃：學著多多體諒他的心情。

20、紅心、方塊、梅花、黑桃：反省一下你自己是不是太過敏感了。

21、方塊、方塊、方塊、方塊：相信你自己，他會永遠愛著你的。

22、方塊、方塊、方塊、梅花：你們之間可能有誤會。

23、方塊、方塊、方塊、黑桃：你們是理智勝於感情的一對。

24、方塊、方塊、梅花、梅花：你們是一對冤家。

25、方塊、方塊、黑桃、黑桃：讓自己冷靜一點，試著去理解對方可能才是好方法。

26、方塊、方塊、梅花、黑桃：雖然你覺得他有些小缺點，但瑕不掩瑜。

27、方塊、梅花、梅花、梅花：僅僅有肉體的慾望是難以長久的。

28、方塊、黑桃、黑桃、黑桃：別害羞了，再積極一點吧！

29、方塊、梅花、梅花、黑桃：你對他太冷淡了，這可不是好現象。

30、方塊、梅花、黑桃、黑桃：他已經開始討厭你了。

31、梅花、梅花、梅花、梅花：他已經開始變心了。

32、梅花、梅花、梅花、黑桃：何必理會別人說什麼呢？

33、梅花、梅花、黑桃、黑桃：你們已經到了非得好好談判不可的地步了。

34、梅花、黑桃、黑桃、黑桃：改改你的脾氣吧！坦率些或許對你們兩人都好。

35、黑桃、黑桃、黑桃、黑桃：你們之間不會有任何結果的，死心吧！

愛意滿分指數占卜

正沉浸於熱戀中的你，對現在的感情狀況滿意嗎？如果希望你們的感情更進一步，那就讓塔羅牌為你占卜一下，看看你對這段感情的滿意度有多高。

占卜方法：

憑直覺在下面的塔羅牌中選擇你最喜歡的一張。

A

B

C

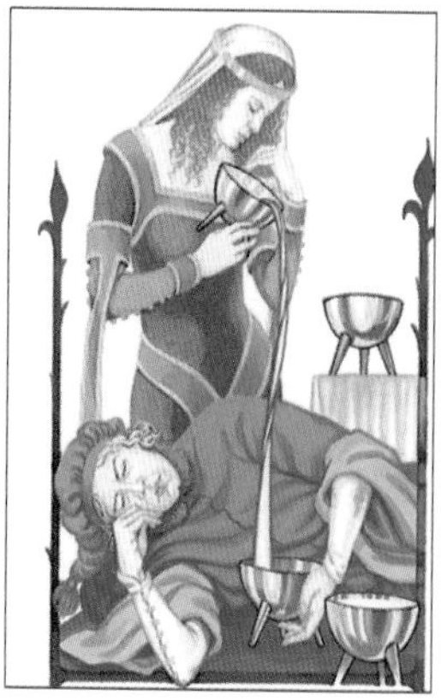

D

E

【解答】

A、聖杯3——愛情滿意度60%

你的他如果是個很重視朋友的人，喜歡和自己的好友相聚，那麼只要你能夠成全他的喜好，讓他多和朋友相聚，或者積極參與其中，成為他們中的一分子，就能讓你們的感情更進一步。但另外一種情形是，你們之間已經有了第三者，而這個人很有可能是你們的好朋友，所以，你應該好好理清自己的感情狀態，如果捨不得對方的話，就要好好努力了。

感情提升方法：佩戴粉色系的水晶或粉紅珊瑚。

B、聖杯2——愛情滿意度90%

你們是熱戀中的情侶，感情非常融洽，都很樂意為對方付出，把對方當做一生一世的伴侶。如果是還沒有戀愛的人，要注意了，最近你會有不錯的新戀情出現，而是還是一見鍾情的那種呢！

感情提升方法：佩戴藍色系或藍線石的水晶礦物。

C、聖杯6——愛情滿意度100%

對方非常愛你，將你照顧的無微不至，全心全意呵護你，給你百分之百的安全感，不過你的付出可沒有對方多，還是多點付出，你們之間的感情才能長久幸福。如果現在還沒有戀人的，那不妨去找認識很久的朋友聚會聊天，也許會因為共同的回憶促成一段新戀情呢！

感情提升方法：佩戴綠松石。

D、聖杯4——愛情滿意度數80%

你們的感情平穩安定，但是太過平淡的生活卻讓你開始厭倦，其實，要懂得享受現在的快樂與平穩，凡事不要想太多。如果想讓生活多一點意外的樂趣，可以利用休假期間外出走走，替彼此製造一點浪漫，另外床第間的事也是可以讓感情生活加溫的方式。

感情提升方法：佩戴磁鐵礦石。

E、聖杯5——愛情滿意度40%

你和他的感情一開始充滿了熱情與快樂，但熱情過後，你卻發現了他許多的缺點和不足，偏偏這些問題是你無法接受的，卻也是付出再多努力也無法改變的，這讓你非常苦惱，有了想要結束這段感情的想法。不過，就算要分手，最好也不要太過爭吵，平靜的解決這件事才是上選。

感情提升方法：佩戴紫水晶。

放手機的位置透露他的祕密

想輕鬆瞭解到他的心？其實很簡單，只要妳暗中觀察他放手機的位置，就能知道他到底是個什麼樣的人了。

A、他常忘了帶手機。

B、把手機放包包裡。

C、把手機放在後口袋裡。

D、放在褲腰附近。

E、常把手機拿在手上。

F、放在上衣口袋裡。

【解答】

A、這麼迷糊？不過這也不一定是壞事呢！說明他是個樂天開朗的人，生活對他來說一定要快樂，凡事別太正經，最好是寓娛樂於工作，過得輕鬆自在才是，是大智若愚的典型。雖然他很隨性，但因為他對人、對工作都很熱情，所以在職場上還是很受上司喜歡的。

雖然他性格糊塗，但在愛情方面他還是很清楚的，很明白自己要的是誰，是典型的嘴花心不花的愛玩男人。

B、包包中是所謂的安全地帶，把手機如此安全的收起來的男生，一定是個深思熟慮、小心翼翼的男人。他自尊心很強，對自己要求極高，雖然待人友善，但卻很難主動親近人。在工作上，他潛力無窮，只要機會一出現就能即時抓住，進而平步青雲。

在愛情上，他對自己的另一半要求非常高，希望對方在各個方面都配得上自己，是個百分百完美的女性，而一旦妳不能達到他的要求，會讓他感覺失望。這樣的愛情會給妳帶來壓力，所以妳應該主動和他溝通，讓他瞭解這世界上沒有完美的東西，試著放開自己，你們的愛情才能快樂。

C、將手機放在後口袋的男人溫和善良，但是卻有著強烈的自我保護心理，不會輕易向人袒露自己心底的祕密，對愈疏遠的朋友表達反而愈親密，愈接近他的身邊，卻發覺他愈疏遠。他對於事業有很多的理想，創意十足，但卻少了一點執行力，若能與執行力強的夥伴配合，將會有一番事業。

對於愛情他忽遠忽近，不可捉摸，如果你愛上了他，那麼就體諒他心中藏著的那些不願被人所知的小祕密吧！忍耐他的情緒，給他足夠的自由。

D、很多男生把手機放在褲腰上，是因為沒有其他地方可放。但如果他覺得將手機掛在腰上是最方便的位置，那麼他是一個很有責任感的男人，他會很努力工作，因為他相信男人有養家糊口的責任，就算是辛苦他也樂在其中。如果他喜歡將手機放在前面，那麼他是非常坦率的人，而且對生活中的所有事物，都有一套自己獨特的想法和作法。如果他習慣在手機放在後面，那麼他是個很有創意的男生，但他不習慣於將事情完全說清楚。

在愛情上，他是積極主動的，會抓住每一個機會向妳表白，雖然他平日裡有些粗枝大葉，但學會欣賞他，換個角度看，這未嘗不是他的優點啊！

E、手是全身行動量最多的地方之一，習慣將手機拿在手上的人是個精力充沛的傢伙，他每天都會積極地做事，不到非休息不可的時候，他是不會停下來的。他適合從事活動量大、與很多人接觸的工作，適合他用不完的精力。

在愛情上，他期望自己的另一半能夠和他共同奮鬥，共同面對生活中的困難。但他同時也是個神經大條的傢伙，對於情緒的敏感度很低，有時還會有些不負責任的態度，所以和他一起時你們應該多多溝通，妳同時要學著調整自己對愛情的期待。

F、將手機放在心臟部位的男人很有自己的目標，做事不急不緩，會盡一切的努力讓生活朝著他所定的目標前進，慾望強烈的他是很容易達到目標的。

在愛情上，他是很有控制慾的人，就算在表面上他不一定擁有兩性關係的主導權，但實際他是一定要做主的那個。不過他對於形象過度重視，有時候比妳還挑剔呢！

開車習慣看他的性格

心理學家發現，開車的方式上完全可以看出一個人的個性，所以，觀察你的戀人開車的方式，就能夠知道他是什麼樣的人。

他開車的方式是：

A、嚴格遵守交通規則，開得也十分平穩。

B、順著車流前進，力求穩當；一旦有意外就立刻停車。

C、在不可能的情況下仍勉強超車，賣弄車技；若是有人超車則要和人一較高下。

D、方式特別，經常一邊抽菸一邊開車，或停車時把腳伸到方向盤上。

【解答】

A、他是個一絲不苟的正人君子，凡事腳踏實地，是個絕對可以信任的好男友、好丈夫。雖然有時候妳也許會覺得他太過死板，沒有趣味，其實在浮躁的世界裡，他這樣的男人才是真正值得依靠終生的。如果妳能夠幫助他在溝通和交際上進步的話，他的事業也會更進步。

B、他為人耿直，做事盡責，適應力強，善於交際，是非常受尊重的人。不論是工作還是感情，他都有著周密的計畫，按照自己的想法一步步進行，是非常可靠的人。不過，在他自信的外表下，有一顆敏感的心，若是覺得他不夠主動的話，那妳可以主動一點，好好抓住他吧！

C、他自信瀟脫，在某些方面非常出色，是個能夠輕易令女性動心的男人。可是他也有些愛慕虛榮，驕傲自大，不夠成熟穩重，並不是丈夫的最佳人選。他是那種婚前很善於討好妳，對妳呵護備至，但婚後可能就會懶惰下來的那種人。

D、他個性獨特，能力出眾，為人剛直不阿，非常有主見，是個理想主義者。在愛情中他也同樣有主見，且將生活安排得浪漫溫馨，只是處事太固執己見，自我中心，不懂轉圜。

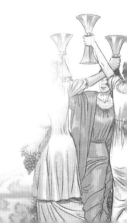

不同血型星座的愛情

【解答】

A型。

A型的火象星座（牡羊座、獅子座、射手座）——矛盾驕傲的愛。

A型的穩定和火象星座的活潑在這裡造成了衝突，使得A型的火象星座性格中往往有矛盾的一點。A型安定的個性使他們選擇踏實忠誠的伴侶，而火象星座熱情奔放的一面又使得他們會被危險誘惑的異性所吸引。他們一邊渴望愛情的承諾和保障，一邊又可能因為誘惑而背棄自己的戀人，不過出軌之後，他們還是會回到既往的生活路線上來。

A型的土象星座（金牛座、處女座、魔羯座）——細水長流的愛。

在這裡，土象星座的安定踏實與A型的謹慎沉穩得到了最協調的結合，給了他們踏實而安穩的個性。他們不會輕易投入一段感情，在決定開始戀愛之前，他們總會經過長期的考慮和觀察，而一旦戀愛就是以婚姻為目的。在戀愛的初期他們可能比較理智，但隨著時間的推移熱情會越來越高。他們對於戀人的忠誠度很高，基本上不會有出軌的行為。

A型的水象星座（巨蟹座、天蠍座、雙魚座）——壓抑但洶湧的愛。

這是一個喜歡暗戀的星座血型組合，內心充滿了對愛的渴望，但行為卻非常害羞，生怕自己內心的熱情被別人看穿，就算面對自己喜歡的人，他們也會因為害怕失敗而不敢表白自己的情感。但是處於戀愛中的他們會是最體貼的戀人，能夠照顧到戀人細微的需要。

A型的風象星座（雙子座、天秤座、水瓶座）——純淨的精神的愛。

比起外貌的美醜，A型風象星座更看重的是心靈的交流，會令他們心動的一定是充滿智慧和內涵的人，能夠與他們有精神上的交流和溝通，只有在這樣的交流中，他們才能獲得最大的滿足，感受到愛情的永恆。而且，即使只是精神上的戀愛，A型的風象星座人也是認真的、忠誠的。

B型。

B型的火象星座（牡羊座、獅子座、射手座）——感性和隨性的愛。

B型火象星座一旦愛了就會不顧一切，有種可愛的任性和堅持，他們不會考慮任何世俗的看法，不在乎對方的條件，任何問題到了他們這裡都不是問題，他們會創造出各種浪漫感性的氛圍，令對方不由自主的深陷進去。只是當兩人開始戀愛之後他們又很容易感覺受到了束縛，失去興趣，轉而被新的戀情所吸引。

B型的土象星座（金牛座、處女座、魔羯座）——晚熟而簡單的愛。

B型的土象星座在愛情方面的心理很晚熟，戀愛時經常會出現孩子般的任性，為一些小事斤斤計較，實則是希望時刻獲得對方的關注和體貼。不過，B型的感性隨意與土象星座的安穩謹慎同樣存在著衝突，但大部分的人在婚後還會是一個本分的丈夫或妻子的形象，安穩的性格會佔上風；但小部分人B型活躍的一面會比較強烈，給愛情和婚姻生活帶來種種波折。

B型的水象星座（巨蟹座、天蠍座、雙魚座）——婉約的奉獻的愛。

B型水象星座天真、溫和，喜歡單純簡單的戀愛關係，如果不喜歡的人會毫不猶豫的拒絕，絕不拖拖拉拉。他們如果喜歡上一個人，就會將全部的精力都放到對方身上，樂於奉獻自己的一切，而且總是患得患失，為對方的行為失神。不過即使是水象星座的B型，還是很喜歡感情中保持一份自我的獨立。

B型的風象星座（雙子座、天秤座、水瓶座）——輕鬆的快樂的愛。

B型的風象星座風趣幽默，善於溝通，有很強的魅力，很輕鬆便能吸引異性的眼光，桃花運一向很旺盛，不過風象星座理性的特質會使得他們對待愛情還是很理智，不會弄出麻煩的多角關係。對B型風象星座的人而言，愛情並不是生活的全部，他們需要的是一種輕鬆的戀愛，彼此都能夠有自己獨立的空間。

AB型。

AB型的火象星座（牡羊座、獅子座、射手座）——華麗的熱誠的愛情。

如果有非常出色的對象出現，AB型的火象星座會是主動追求的那一個，不過AB型給了他們異常挑剔的眼光，只有那些內外兼備、氣質出眾的人才能獲得他們的青睞。一旦戀愛，AB型的火象星座會展現出他們最大的熱情，為對方營造出一個浪漫唯美的愛情故事，而且他們會是最忠誠的戀人。但如果遭受到感情上的背叛，會令她們大受打擊。

AB型的土象星座（金牛座、處女座、魔羯座）——現實的忠誠的愛。

AB型的土象星座是個溫和安定的人。對於愛情他們首先考慮的是客觀條件，比如說穩定的經濟收入、工作、學歷、身高、相貌等，只有基本的條件符合要求了，他們才會放任自己去愛。不過一旦戀愛他們會是忠誠且投入的戀人，會以戀人為生活的重心，給予對方一切的支援。

AB型的水象星座（巨蟹座、天蠍座、雙魚座）——羞澀的夢幻的愛。

AB型的水象星座期待童話故事般的美麗戀情，他們容易一見鍾情，對外表出色的異性會特別有好感。但是他們非常害羞，一般情況下不敢表白自己的心意，而只能做為朋友的身分在一旁關心對方，所以在他們的生命中會有多段沒有結果的暗戀。AB型水象人的戀情通常都是由對方主動表白的，如果對方不是自己喜歡的人，他們也很容易因為追求者的溫柔而逐漸陷入戀情。

AB型的風象星座（雙子座、天秤座、水瓶座）——智慧的優雅的愛。

AB型的風象星座有著A型風象人的高雅，又有B型風象人的幽默，是非常有趣且善於製造新鮮感的戀人。他們對於愛情首先追求的是兩人智慧和心靈的交流，他們會充分享受愛情的歡樂卻不會沉溺於其中。不過他們的個性中也有搖擺的一面，有時會狂熱的戀愛，又是卻又希望彼此有自己的空間，令人迷惑。

O型。

O型的火象星座（牡羊座、獅子座、射手座）——短暫但真誠的愛。

O型的火象星座熱情奔放，充滿自信，不喜受束縛，他們只要愛上一個人就會毫不猶豫的表白，就算被拒絕也絕不會沮喪。戀愛中的他們非常真誠和專一，可是一旦愛情消失，他們也是會很快厭倦的那一個。

O型的土象星座（金牛座、處女座、魔羯座）——物化的理智的愛。

O型務實理性的一面，在土象星座上的物慾感上得到了最大的發揮，在他們身上，愛和慾是可以分離的，就算心中愛的是一個人，結婚卻可以找各方面客觀條件最合適的另一個。雖然表面上很正經，但其實在他們戀愛中喜歡處於主導地位，對於戀人是物化的、佔有的。

O型的水象星座（巨蟹座、天蠍座、雙魚座）——曖昧的浪漫的愛。

O型的水象星座有著豐富的情感和感應能力，善於用各種暗示來表達自己的愛，也擅長製造曖昧溫柔的氣氛。不過他們也很容易感動，結果弄得太多曖昧，到最後連自己究竟喜歡誰也不知道了。

O型的風象星座（雙子座、天秤座、水瓶座）——冷靜又技巧的愛。

O型風象星座具有極佳的交際能力，非常具有吸引力，他們擅長用語言的技巧來打動對方，但自己內心深處還是非常冷靜的。他們可能會擁有很多的異性朋友，但卻對友情和愛情分得很清楚，絕不會將自己陷入麻煩的戀情中去。

一個字看你們的相愛程度

如果給你一個「雨」字，讓你在下面加上一個部首，你首先想到的會是下面哪個字？

A、霜

B、雪

C、霧

D、雷

【解答】

A、相愛度30%

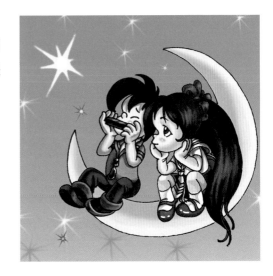

這個字表示厭倦。你是不是因為對方不夠優秀而開始猶豫了？

B、相愛度90%

你們互相傾心，非常相愛，都不能沒有對方。

C、相愛度10%

表示不安。你們彼此之間還缺乏足夠的信任，是不是存在某些誤會呢？

D、相愛度60%

在美麗的相遇後，你們的愛情衝突與坎坷不斷，感情生活猶如戲劇。

你選哪種牌

如果有一天你正在路上走，忽然遇到了一個神祕的吉普賽人，他說了一堆你聽不懂的話，然後拿出了一副撲克牌，抽掉其中的鬼牌，讓你從剩下的五十二張牌中選擇一張，你覺得自己選出來的會是哪種花色的牌呢？這個占卜可以預測你未來的另一半喔！

A、紅心

B、方塊

C、梅花

D、黑桃

【解答】

A、你的另一半應該年紀比你稍長，是個溫柔而又有魅力的人。很可能是巨蟹座、魔羯座或雙魚座的人。

B、你的另一半是踏實沉穩型的人，對戀人非常忠誠。很可能是金牛座、處女座或天蠍座的人。

C、你的另一半是活潑外向的人，喜歡新鮮刺激的東西，對你會很體貼，絕不會強迫你做不喜歡的事。很可能是牡羊座、獅子座或天秤座的人。

D、你的另一半是個幽默樂觀的人，可能年紀比你小，會很依賴你。很可能是射手座、水瓶座或雙子座的人。

脫衣服習慣看你的性慾

讓你的直覺告訴你，如果你身上有以下衣物和飾品，你會先脫哪一件呢？

A、長褲

B、鞋子

C、手錶

D、項鍊

E、襯衫

【解答】

A、長褲——「慾求不滿型」。

你的性慾很強喔！只要有一點點的觸發，就會完全勾出你的慾望喔！你是隨時隨地都可以來一段的人。

B、鞋子──「定時炸彈型」。

你的性慾是週期性的，不知何時何地會突然高漲，沒有跡象可尋。

C、手錶──「慢一拍型」。

你的性慾不強，要點燃你的慾火可不是件容易事，需要慢慢來。

D、項鍊──「無所謂型」。

對你來說，性只是調劑品而已，還是其他的事更能吸引你的注意力。

E、襯衫──「偷吃型」。

固定的性伴侶會讓你覺得很悶之外，所以偶而出軌一下，偷吃才能讓你滿足。

性趣吉位占卜

把妳出生日期中年、月、日三個數字加起來，再將得出的數字分開相加，直到結果為十以內為止，此時得出的數字就是妳的「性運數字」。比如說妳是1981年10月5日出生，那麼1981＋10＋5＝1996，1＋9＋9＋6＝25，2＋5＝7，那妳的性運數字就為7。

【解答】

性運數字：1

性趣吉位：廚房

不知道為什麼，在床上的妳總是無法投入，沒有熱情，讓妳的伴侶覺得掃興，想改變這種狀況，不妨將你們的戰場轉移到廚房吧！因為廚房能讓妳重拾朝氣，也許因為妳是個「入得廚房」的女孩吧！

性運數字：2

性趣吉位：客廳

妳生性熱愛自由，但又極重視家庭，所以妳討厭在狹小的空間內做愛，在家中，只有寬大通透的客廳最符合妳的要求。

性運數字：3

性趣吉位：睡房大床

你是個傳統的乖乖牌，連性愛方面也是比較傳統的，所以，只有在自己熟悉的床上，你才會真正放開來，就算是換一張床，你也會拘束很多喔！

性運數字：4

性趣吉位：度假屋

妳平時面對任何事都提不起勁，但是一到假期，妳的性慾就會直線提升。所以，趁著假期和他去度假吧！這樣就可以好好享受魚水之歡了。

性運數字：5

性趣吉位：浴室。

看起來，妳是個靦腆害羞的女孩，其實內心深處卻充斥著無窮無盡的性幻想，隱蔽的浴室最能夠讓妳將暗藏的情慾完全發揮出來。

性運數字：6

性趣吉位：車廂

妳喜歡追求刺激的生活，熱愛新鮮，就算是在性上也是如此，所以，特別的汽車後座很適合感覺來了就要的妳。

性運數字：7

性趣吉位：飯店

雖然妳平日裡很正經，但偶爾還是想嘗試一下新鮮的感覺，老是在家裡會讓妳覺得悶，偶爾到飯店開房會讓妳滿足喔！

性運數字：8

性趣吉位：沙灘

妳熱情開朗、不拘小節，所以充滿活力的陽光與沙灘才是最能讓妳high起來的地方，到海邊露營吧！

性運數字：9

性趣吉位：露臺

妳有強烈的表現慾，潛意識裡總有做給別人看的衝動，私密的性可不是妳的喜好，露臺那種敞開式的地方正是最適合妳的舞臺。

火柴裡的愛情祕密

拿一盒火柴，閉上眼睛從中隨意抽取一部分，然後數一下抽取的火柴是單數還是雙數，記住這個結果，然後再次將火柴放到一起，隨意抽取一部分，數出是單數還是雙數，這樣重複四次，將排列結果記下來，就能知道你最近在感情方面的運程。

【解答】

1、單單單單：戀情可以順利發展，感情與日俱增。

2、雙單單單：你對戀人管束得太緊，這樣可不好，記得千萬不要急躁，一味責怪對方，忍一時才能風平浪靜。

3、單雙單單：單身的你不妨主動一定，因為適合你的人就在身邊；對有另一半的人來說，小小的問題可能是導致分手的原因，學著體貼和關懷對方，才是解決問題的好方法。

4、單單雙單：意外的驚喜會突然降臨，桃花運會突然來到喔！有戀人的你則會和戀人的感情越來越好。

5、單單單雙：喜歡你的人出現了喔！要好好把握機會，不要再害羞了，主動追求你的幸福吧！

6、雙雙單單：你會贏得渴望的愛情，但記得要坦白的表達你的感情才行。

7、單雙雙單：單身的你愛情還未降臨，還需要等待。對有戀人的你來說，預料外的困擾不斷產生，你也許不得不忍受與情人分隔兩地的痛苦。

8、單單雙雙：兩人的感情會陷入危機，保持冷靜的頭腦面對問題，才是解決之道。

9、雙單單雙：如果有疑問就直接向他發問吧！把疑惑放在心裡只會讓你更煩惱。單身的人不妨接受安排好的相親。

10、雙單雙單：現在正是將朋友變成情人、情人變為家人的時候。單身的人能夠遇到理想的另一半；有過去的人也有可能和昔日情侶再度相逢。

11、單雙單雙：現在是最糟糕的時候，戀人的離去會讓你痛苦萬分，既然不能挽回，傷心也是無用。

12、雙雙雙單：戀愛中的你卻不覺得幸福，只感覺壓力，或許是對方的行為態度讓你覺得無法接受，正在猶豫是否要放棄這份感情。

13、單雙雙雙：現在的你充滿了魅力，會吸引很多異性的眼光。單身的

你有很多機會遇上理想的對象，即使對方正在與別人交往，你也應該勇敢的挑戰；如果已經有戀人，那麼他（她）一定是你最好的選擇。

14、雙單雙雙：沒有戀愛的人不妨靜靜等待機會，配搭紅色的飾物可以帶來好運。戀愛的人要小心了，這段日子也許是彼此的感情遭逢最劇烈考驗的時候，因為情緒的起伏不定，小小的爭執也會演變成分手的慘劇。

15、雙雙單雙：單身的你有沒有發現自己的愛慕者就在身邊呢？拋開所謂的自尊吧！你會得到幸福的愛情。

16、雙雙雙雙：要小心你的戀人因為新目標的出現而變心，而重要的是不要將煩惱藏在心裡，就算感情落空也不要沮喪。

戀愛中的智商

有人覺得獅子座最聰明，有人覺得射手座最瀟脫，但是所有人一旦陷入愛情都會變笨變呆，再聰明的人也會頭腦發熱，那麼十二星座戀愛的時候又是怎麼個笨法呢？

【解答】

牡羊座：雖然聰明，卻從來對外表忠厚老實的人毫無抵抗力。只要對方看起來真誠可靠，牡羊座就會毫不懷疑的完全相信對方；就算起初有一點點的懷疑，也會在對方無辜的眼神和天真的語氣下徹底投降，甚至覺得是自己誤會了對方，於是就在這樣的情況下一再被騙。

金牛座：一旦戀愛就會全心投入，想要時時刻刻和對方黏在一起，這會讓他感覺很甜蜜，可是時間久了卻會讓對方覺得自己的自由被限制，於是越來越不在乎他，金牛座的行情也會越來越低了。

雙子座：很有責任心又很愛面子，戀愛時只要自己的經濟能力比對方強，就會負擔起兩人所有的開銷，承擔起所有的責任，也因此，雙子座往往會因為自身的好強弄到勞命傷財的地步。

巨蟹座：巨蟹座一旦愛上一個人就會將對方當做自己的家人般信任，就算發現對方有某些缺點，並不適合自己，還是會不斷地為對方掩飾，替對方說話。

獅子座：戀愛中的獅子座是盲目的，只要他愛上了對方，那就會認為對方完美無瑕，就算對方有什麼問題他也完全看不見，根本不知道自己選錯人。

處女座：挑剔是出了名的，要他看上一個人已經很不容易了，而就算動心了，他還是會再三地觀察對方，挑三揀四，結果把好的戀人都嚇跑了。

天秤座：喜歡融洽的感情關係，在戀愛中為了維持雙方的感情，他會主動配合遷就對方，變成對方喜歡的樣子，就算是要委屈自己做些不喜歡的事情也心甘情願，失去自我也在所不惜。

天蠍座：雖然天蠍座生性多疑，可是一旦談起戀愛就會非常感性，對另一半完全信任，只要對方說什麼他都會相信，如果遇上了不夠忠誠的戀人，恐怕會令他瘋狂。

射手座：雖然愛好自由，認為就算戀愛也要給對方同等的自由，可是一旦射手深愛上對方，他就會是無私奉獻的那個，完全不會爭取自己的權益，只會忍耐。

魔羯座：魔羯座個性低調、踏實肯幹，他不懂得說甜言蜜語，但只要對方想要什麼，他都會全力以赴為對方辦到，結果弄得兩人不像情侶而更像主僕。

水瓶座：總是覺得自己可以掌控愛情的進度與溫度，可是愛情這種事從來都是沒有道理可言的，有時事情常常出乎水瓶座的意料之外，使水瓶座聰明反被聰明誤，滿盤皆輸。

雙魚座：天性浪漫，對於愛情總是充滿了美好的想像，沉浸在愛情幻夢中的他，就算發現對方有些問題，也會裝作沒看到，告訴自己沒有什麼不對勁，兩人的愛情仍像往日那樣的美好，卻不知道自欺欺人永遠都不是解決問題的方法。

你的愛情能天長地久嗎？

每個人在感情中都會有患得患失的時候，特別是當感情進入平淡期，曾經的驚喜與感動越來越少，剩下的只是平淡的生活，就會開始迷惘，想知道自己和戀人的感情能不能天長地久，對方到底是不是你的真命天子，想知道，就在下面的五個選項中憑直覺選一項。

A、月夜，戀人花園中相會。

B、和合二仙。

C、嫦娥仙子。

D、觀音菩薩。

E、金銀滿屋。

【解答】

A、一對戀人緊緊相依，看似很和諧，你會覺得你們的感情已經相當穩定了，但實際上卻不是這樣。想像一下，兩人應該是在半夜的花園裡偷偷幽會，暗示你們之間還存在著一些問題，比如說你們的關係還未得到長輩的肯定，或是你的伴侶其實並不如看起來那麼忠貞，總之，還是先解決了這些會影響你們之間感情的問題再說吧！

B、和合二仙是傳說中主婚姻和合的神，所代表的正是親密而穩定的感情。你們之間的關係非常穩定，彼此還信守著最初的誓約，就算你們交往的時間再久，也不用擔心感情會變淡，因為你們的戀情一定會天長地久的。

C、人人都知道嫦娥，但月有陰晴圓缺，可見你對自己的感情狀況並不是很樂觀，雖然現在看起來你們的關係還不錯，而且擁有長期相處的經驗，但你卻對今後的生活沒有什麼自信，覺得未來是你難以掌握的。未來即使結婚了，也要給彼此一點自信，避免彼此的欺騙或隱瞞，另外，也要注意兩人會相隔兩地的問題。

D、選擇了觀音說明你和戀人之間一定能夠修成正果。不論你們之間有多少的問題，不論經歷了多少的風風雨雨，但你們彼此之間一直懷抱著堅定的感情，不離不棄，因此一定能夠獲得最終的幸福。

E、珍貴的寶物只在夢中出現了，意味你希望在未來能夠和對方步入結婚禮堂，但這個夢想顯然不容易實現。並不是對方不願意與你踏入結婚禮堂，而是這段時間他有更重要的事情，比如說事業正好遇到了瓶頸或者正在上升期，需要花費他最多的精力。所以，先壓制自己的夢想吧！和對方共同度過現在的日子，會讓你們的感情更加深厚，也就必然能迎來美好的未來。

小釘子給你愛情

準備一根小釘子，在早上出門的時候將釘子故意掉落在路上某處，關鍵是要記得釘子落在什麼地方喔！

【解答】

回家的時候，找到掉落的釘子，帶回家用清水洗乾淨，好好帶著身邊，它就會是你的愛情護身符了，因為魔法已經附在了釘子上，它會帶給你愛情和幸福。

但是如果回家的時候已經找不到釘子了，那就要小心了，因為這預示著你喜歡的人可能已經有心上人了，或者你與他會有糾紛或者三角關係產生。

不同血型性愛傾向

血型影響了我們的性格，也影響了我們的「性」格，瞭解了他的「性」格，能夠讓你們愛得更加甜蜜。

【解答】

（1）A型。

對付A型男的最大武器就是撒嬌了。如果在關鍵時刻對他說：「好棒啊！」一定會讓他陶醉，並且會不斷努力，使女性得到高潮。

A型男對A型女——非常適合的一對，不需太大努力，即可享受性的樂趣。當然，如果能夠給生活帶來一些變化會更好，偶爾上旅館約會一番，或在車上也可享受不同的性樂趣，總之，不要一成不變。

A型男對B型女——女方還是不要害羞或是假裝不懂，這樣會破壞兩人之間的氣氛，讓對方無法投入，如果能夠直率的接受他的愛情，試著多撒撒嬌，那麼他會變成令妳興奮的強壯男人。

A型男對O型女——對於非常自我抑制的A型男，女方應該採取大膽的態度，希望對方怎麼做都應該直接說出來，才能積極地享受性的樂趣，能配合得很好。

A型男與AB型女——如果兩個人都對性相當淡泊的話，也未嘗不可，但如果只是因為害羞而刻意壓抑的話，會讓男方產生「我們是不是不合適」的想法，要改變這個局面，需要女性採取大膽的撒嬌態度，這樣便可使自我壓抑的A型男敞開心扉。

（2）B型。

B型男喜歡享受開放的性生活，壓抑拘謹的性生活並不適合他，女性如果能夠率直地表現出自己的喜悅，就能夠享受幸福的婚姻生活。

B型男對A型女——單純就性的組合來說，兩人能夠享受快樂、充實的性生活，是很不錯的一對。但A型女自我意識較強，如果男方輕視性行為的話，那麼雙方則會因為焦躁而導致性生活失敗。

B型男對B型女——雙方對於性的次數與滿足度大體上還可以，但如果彼此能更加瞭解，性生活會更美好。

B型男對O型女——B型男是個情緒化的人，希望自己每次的性要求都能夠得到滿足，如果女方擁有母愛般偉大的愛，那麼B型男性便樂意運用各種體位變化與與愛撫技術使女性得到滿足。

B型男對AB型女——兩人很合適，但如果女方能夠體諒B型男的人性，試著更體貼的話，便能享受各種體位的樂趣。

（3）AB型。

AB型男是個嚴肅的性主義者，所以要與他配合並不是很難，而且AB型男多半對性都有潔癖，所以用自然的方式相處最能夠創造好氣氛。另外，還有不少的AB型男是有處女情節的喔！

AB型男對A型女——A型女在性行為中多半處於被動地位，會讓AB型男感覺很彆扭，沒辦法完全放鬆的享受性的樂趣，讓雙方都感覺焦躁與慾求不滿，因此A型女應該採取主動，技巧性的引導對方，才能享受真正的性愛。

AB型男對B型女——他是更為重視氣氛的類型，即使彼此不發生性關係，但只要能互相瞭解，也是好伴侶。而性行為方面時間較短，如果想享受充實的性生活，妳必須主動創造氣氛，引導他的配合，才能得到滿足。

AB型男對O型女——只要妳能夠積極的要求，那麼AB型男也會非常好的配合妳，給妳完美的性愛。但要小心AB型男的雙面性，如果讓他對性產生了過多的興趣，可能會變得風流喔！

AB型男對AB型女——這對組合對於性行為本身都不太關心，但配合度極高，只要對方有性方面的需求，都能夠非常好的配合，享受快樂的性生活。

（4）O型。

O型男人在性愛中也要處於領導地位，希望對方能夠依照自己的節奏享受愛情，而且他們在性愛中多半認真且細膩，能夠帶給對方美好的享受。

O型男對A型女——對保守的A型女來說，O型男在性方面熱烈又不失細膩，能讓她享受到激情但不失溫馨的魚水之歡；而A型女只要好好的展現自己的柔順體貼，就能讓O型男更為之沉醉。

O型男對B型女——B型女在性方面也是主動而熱情的，與剛柔並重的O型男非常合拍，能夠享受熱情又溫柔的性愛。

O型男對AB型女——AB型女性格平淡，有時候可能會讓對方覺得失望，所以試著主動一點，多表達自己的需求，會令你們更和諧。

O型男對O型女——O型男和O型女的配對應該是所有組合中最火辣的一對了，當感情升溫時，性愛會因為熱情而獲得極致的體驗，不過有時候試著遷就對方對你們來說是必要的。

撲克牌預測對方人品

遇見了你的心上人，但卻無法確定他（她）究竟是什麼樣的人，你們的感情前景又不明朗，想要給自己多點信心，就用撲克牌來預測一下。

占卜方法：

（1）準備一副撲克牌，去掉其中的大鬼，保留剩下的五十三張。

（2）將撲克牌洗好，取你們兩個的年齡之和的個位數，比如說對方27歲，你24歲，加起來就是51，那麼個位數就是1。然後將撲克牌中的第二張拿出來，放到一邊。

（3）重新洗牌，按照對方的年齡數出相對的撲克牌，然後拿出接下來的那張。也就是說如果對方27歲的話，拿出第28張牌，放到一邊。

（4）再次重新洗牌，按照上面的方法，取出你的年齡所對應的撲克牌。這三張牌就是能夠預測你愛情前途的提示牌了。

【解答】

小鬼：如果妳是女生的話，那麼恭喜妳，它代表「愛的勝利女神」已經站到妳這邊了，任何困難妳都可以克服，獲得幸福喔！

紅心：代表女性。紅心表示女性的性格、人品等方面，從2到K則表示對方出色的程度依次增加。

方塊：代表男性。方塊代表男性的性格、人品等方面，從2到K則表示對方出色的程度依次增加。

梅花：代表同情者。而從2到K則表示對你的支持程度依次增加。

黑桃：代表反對者。從2到K表示對你的反對程度依次增加。

如果你是男生的話，出現了紅心A，表示對方是你最理想的女朋友，但如果出現了方塊A，則表示你會出現強而有力的情敵。如果妳是女生的話，出現了方塊A，就表示對方是妳最理想的男朋友，但如果出現了紅心A，則表示妳會出現強而有力的情敵。

此外，如果牌中出現了黑桃Q的話，則表示有一個強烈反對你們的女性，而她很有可能是對方的家人，那你們的感情可能很難成了。

告白能成功嗎？銅錢知道

喜歡他卻不敢告白，又猜不透他是不是愛自己，不如先占卜一下自己的告白成功率，讓自己更有把握！

占卜方法：

準備一枚銅錢，閉上眼睛深呼吸，想著你想要告白的人的模樣，然後睜開眼睛將銅錢向空中丟上去，看落地後的銅錢是正面還是反面朝上。這樣重複三次，將結果記下來，對照下面的解釋。

【解答】

1、正／正／正——告白成功指數100%

現在正是你告白運勢的最高點，趕緊去向對方表白吧！無論有什麼阻礙都能夠迎刃而解，兩人將迅速墜入情網，享受甜蜜火熱的愛情。

2、正／正／反——告白成功指數90%

這個卦象說明對方其實也對你有感覺呢！現在正是告白的最佳時機，只要善於把握機會，營造氣氛，兩人會很快陷入熱戀，成為令人羨慕的鴛鴦伴侶。

3、正／反／反——告白成功指數40%

你的心情十分忐忑，一時覺得告白一定會成功，一時又覺得肯定會失敗，既然沒有把握，那就沉住氣，等待好時機，再做告白的打算。

4、正／反／正——告白成功指數80%

告白正是時機，但機會可是稍縱即逝的，若是能抓住機會，多運用一點熱情的手腕，便能成功將感情推進，但機會把握不好的話，那告白就會失敗。

5、反／反／反——告白成功指數60%

對方對你早有情意，但現在的感情程度還不到告白的時候，不如再耐心一點，繼續保持朋友的關係，讓時間增加你們的感情，待時機成熟，告白就可一舉成功。

6、反／反／正——告白成功指數30%

最近的告白運勢不佳，還是暫時忍耐吧！保持現有的關係，一切放輕鬆，反而會讓你們的感情更貼近，等到時機成熟，再來告白吧！

7、反／正／正——告白成功指數10%

或許你現在很有自信，覺得自己並非一廂情願，告白會成功，但恐怕你錯了，現在這個時機一旦你告白，將面臨拒絕的打擊。與其如此，不如靜待時機再行動。

8、反／正／反——告白成功指數0%

明知水深勿近，告白將會失敗，卻還是執意開口，最後落得挫敗難堪。奉勸你不要逞強，這一戰將會使你永遠失敗，再也不可能有機會，所以還是壓抑情緒，默默醞釀機會吧！

你的愛情路艱難嗎？

想知道妳的真命天子什麼時候出現嗎？妳和他究竟有沒有緣分呢？讓吉普賽人的撲克牌占卜法顯靈吧！

占卜方法：

（1）準備一副撲克牌，保留去掉大小鬼牌的五十二張。

（2）將撲克牌排成橫向的兩排，每排五張，下面再排三張牌，牌面全部朝上。

（3）將牌中每兩張數字和為十的牌拿走（不限於同花），而同花的10、J、Q、K也可以當做和為十點來計算，同樣拿走。

（4）用剩下的撲克牌填補拿走的牌，這樣不斷重複，直到撲克牌用完或者無法再填補為止，看看總共剩下多少張撲克牌。

【解答】

0～10張：覓得佳偶。

妳會得到生命中的忠實伴侶喔！對方會給妳一生一世的愛，對妳百分百的忠誠，讓妳享受到一生的幸福。如果剩下的牌是單數，那麼妳的真命天子是近來對妳表示好感的異性；如果剩下的牌是雙數，那麼妳的真命天子就是現在妳身邊的戀人。

11～20張：即將出現。

妳的眼光很好，喜歡上的人都是值得託付終生的對象，所以妳的戀愛基本上都能步入結婚殿堂，獲得幸福的生活。如果妳現在還沒有找到另一半的話也不必擔心，因為妳很快就會遇到命中註定的那一位了。

21～30張：耐心等待。

妳期待的婚姻暫時還沒有到來喔！但是要相信自己，雖然妳的情路比別人坎坷，妳真正的感情來臨的也比較晚，但只要妳耐心等待，那麼真愛就會到來。別想著一定要快快戀愛，急於找戀人，因為當真正的戀人出現之前，其他的人都不過是過眼雲煙而已，並不能帶給妳什麼。

30張以上：波折重重。

妳的感情路很辛苦，必須花費很多的精力才能找到戀人，而就算戀愛也過得非常辛苦，因為兩人的付出並不對等，常常會產生猜疑和誤會，使妳覺得疲累，覺得無法抓住戀人的心。如果妳覺得這段感情使妳

灰心，那麼要相信對方並不是妳在尋找的那個，真正的戀人還在等待妳的出現。

從未出牌：乏善可陳。

妳的戀愛總是失敗，找不到合適的對象，暗戀失敗、被人拋棄，對方對妳不忠，戀愛經歷總是苦多於甜。不論妳現在有沒有戀人，最要緊是懂得帶眼識人，遇人不淑才是妳最大的噩夢。

妳會是姐弟戀的一員嗎？

身為女人，妳一定有想像過妳的戀情吧！他是成熟穩重的，還是幽默風趣的？不過妳有沒有想過，妳也許會來一場意料之外的姐弟戀？想知道有這個可能嗎？不妨用塔羅牌占卜一下。讓妳的直覺為妳在下面的牌中任意選擇一張。

A、教皇

B、愚人

C、情侶

D、皇后

【解答】

A、妳是個傳統的小女人，習慣於男性佔主導地位的傳統模式，希望對方比妳大，能夠給妳安全感。同時妳更希望自己的感情得到家人和朋友的支持與祝福，所以妳是不會放任自己來一段姐弟戀的。

B、基本上妳是不會發生姐弟戀這種事的，而且這種戀愛模式根本不適合妳。或許妳偶然來了這麼一段，但這段戀情的作用恰恰是告訴妳，妳還是選擇比自己年長的男人比較適合。

C、妳發生姐弟戀的可能性取決於妳的年齡，認定感覺對了才能戀愛的妳會不斷追求真正的愛情。所以，如果隨著年歲漸長妳依然沒有找到合意的戀人的話，那妳姐弟戀的可能性就會越來越高喔！一旦妳投入到姐弟戀當中，就會愛得轟轟烈烈，而不會視其為一種壓力。

D、妳天生的開朗性格會讓他人覺得妳有如大姐姐般可靠，所以妳很容易吸引小男生的喜歡。不要再煩惱為什麼妳一向不能吸引比妳大的男性了，要是註定妳要來一段姐弟戀的話，何不坦然的接受它呢？要相信妳的感情是會修成正果的。

你會被爛桃花纏身嗎？

雖然人人都希望自己桃花旺盛，但桃花這種東西有好也有壞，它可以給你帶來好人緣，可是有時候糾纏你的人多了，反而會讓人覺得煩惱。也許你知道自己的桃花旺不旺，但你想不想知道你的爛桃花指數高不高呢？

占卜方法：

從下列6個撲克牌組合中，憑直覺挑選出你最喜歡的一組。

A、黑桃8、方塊3、梅花4

B、梅花4、黑桃6、紅心8

C、紅心3、梅花6、方塊5

D、方塊A、紅心9、黑桃Q

E、梅花7、紅心Q、黑桃3

F、梅花K、紅心6、黑桃5

【解答】

A、爛桃花指數5分。

你其實極度缺乏安全感，內心雖然嚮往愛情，卻因為害怕而不敢主動表達，就算桃花來臨，你也會極力掩飾內心的激動與真實情感，繼續保持一種若即若離的態度，沒研究清楚絕不輕易出手。因為你不會主動去招惹不必要的麻煩，而將大部分的心思都放在了自己的家庭和事業上，這樣的你很難有爛桃花。

B、爛桃花指數30分。

你性格單純，感性而溫柔，甚至有點自閉，容易陷入單戀之中，太多的桃花對你來說恐怕只有危險，畢竟你適應不了太複雜的感情生活。如果不能確定結果，還是謹慎一點，多試探一下，為自己找一個有安全感的戀人，一對一的戀愛模式比較適合單純的你。

C、爛桃花指數50分。

你其實非常性感，因此異性緣一向很好，而且你外冷內熱，一旦產生感情便如火山爆發般不可抑制，將所有的熱情都投注到對方身上，不惜動用一切手段去討對方歡心。但是，你的感情來得快也去得快，精神上的外遇容易轉變成肉體外遇，對你而言，感情只是增加你生命色彩的潤滑劑，一旦失去了感覺，你會毫不猶豫的放棄。

D、爛桃花指數90分。

你奉行一見鍾情的愛情模式，喜歡令你心跳加快的感情，完全讓感性支配你的行為，因此只要有桃花來敲門，你就會毫不猶豫的接受，進度快得令人瞠目結舌。只是，對於愛情的期待讓你無暇去分辨這桃花是好是壞，也許你不過想玩一場曖昧的逢場作戲，但卻耗費了大量的時間和精力，甚至讓你將感情也深陷其中。

E、爛桃花指數100分。

你樂觀浪漫，感情豐富，行動力強，朋友滿天下。你嚮往自由，但又不想浪費青春，只要感覺對了立刻表白，會有和對方廝守終生的衝動，但偏偏又三分鐘熱度，過段時間又開始猶豫。而且你總是分不清友情和愛情，迷迷糊糊沒頭蒼蠅似的亂撞，到處放電，弄得身邊人產生誤會，結果為自己引來一堆的爛桃花，偏偏你還認為做不成情人還可以做朋友，弄出一堆爛攤子無人收拾，真是爛桃花製造場！

F、爛桃花指數70分。

你是個自我主義者，在感情上寧可我負人，不可人負我，因此往往容易欠下感情債。你用情不夠專一，總是喜歡同時與多位異性交往，可是偏偏桃花又十分旺盛，結果只能害更多的人傷心。你的爛桃花多半來自於你的過往情人，別因為放縱了自己的感情而弄得感情上爛帳太多，小心感情債主來討債。

你的分手EQ高嗎？

熱戀中的情人也許表現得都非常相似，不過，到了分手的時刻就會看出不同來了。那麼，十二星座遇到分手的時候又會有怎麼的表現呢？

【解答】

牡羊座：分手EQ一向比較差，誰讓他那麼愛面子呢？若是被對方提出分手，他必定要難過好一陣子，自尊心大大受損。所以，如果要和牡羊座的人分手，必須在言語、在行動上都顧及對方的尊嚴才是。

金牛座：戀情是以信任為基礎的，如果戀人有劈腿、背叛的不忠行為，會讓他痛哭流涕、氣惱萬分，無法接受。可惜金牛座的耳根也很軟，只要對方在他面前痛哭流涕的表示懺悔，說兩句好話，他就可以原諒對方，舊情復燃。

雙子座：從來都不願意直接面對殘酷的現實，若是知道了對方想要分手的打算，他會乾脆突然消失，避免被人家當面提起的尷尬，就好像鴕鳥將頭埋在沙子裡，就以為可以當這件事沒有發生過一樣。

巨蟹座：是很難乾脆起來的人，所以對於分手他也常常後悔。如果他先提出分手，那麼他會在說出口之後開始後悔、自責，甚至想去和對方道歉，挽回這段感情。因此，巨蟹座常常陷入分分合合的窘境，很難真正的和對方分手。

獅子座：十二星座裡的獅子座是最最愛面子的，對他來說面子比生命還重要。這樣的獅子座是絕對不會死纏爛打的。因此如果對方提出分手，他會毫不猶豫的答應，並且擺出一副若無其事的樣子，甚至如果他早就發現對方有分手的想法之後，他會搶先提出分手的要求，以免顏面盡失。

處女座：一旦到了要分手的時候會異常冷靜，幾乎到了絕情的地步。基本上處女座會提出分手是因為對方有許多許多他無法接受的小毛病，而忍耐的程度到了他無法接受的時候，他就會要求分開，分手的時候他會列舉對方種種的缺點，來證實自己提出分手的合理性，讓對方很受傷。

天秤座：戀愛高手天秤座就算是分手也希望能處理得漂亮，為了保護自己，也為了不傷害對方的，他們通常不會說出真正分手的原因。但是，如果對方仍舊糾纏不已，弄得難看的話，天秤座就會毫不猶豫地遠走，避免糾纏。

天蠍座：冷漠的天蠍座向來敢愛敢恨，是愛情殺手級的人物。如果天蠍座想分手，他會立刻翻臉不認人，毫不留情的掉頭就走；如果是對方背叛了自己，那麼最痛恨背叛的天蠍座會想盡辦法報復對方。

射手座：是個樂天派，會自動在腦海中刪除一切不快樂的記憶，包括分手的回憶，所以，如果他被對方提出分手的要求，幾乎不必考慮就會爽快的答應，然後迅速遺忘，很快就能重新投入到下一段戀情中去。

魔羯座：深沉內斂，思慮周詳，如果他提出分手，必然是盤算了很久，經過了深思熟慮後才下的決定，是無法挽回這段感情了的。如果是對方提出分手，那麼魔羯座會平靜的答應，其實誰也不知道內心深處他受了多少的傷害。

水瓶座：善於療傷，雖然他會為戀情的結束傷心，但這段時間不會太長，只要不去想這段戀情，他就能在很短的時間內結束傷痛，自我康復。

雙魚座：感情動物的雙魚座處理分手的狀況也太過感性。溫柔的雙魚座很難主動提出分手，就算他已經清楚的知道對方不適合自己；而就算雙魚座主動提出了分手，只要對方苦苦哀求，他也會因為不忍而回心轉意，結果將自己的感情生活弄得複雜又麻煩。此外，雙魚座很難抵抗新的戀情，所以很容易產生劈腿的衝動喔！

下篇

嚦咕嚦咕，手到擒來——

工作學業一把罩

你的成功祕訣是什麼

要在社會上生存，需要有能力，這些能力可能是某種技能，可能是某種行為方式，也可能是某種本能，那麼十二星座想要在社會上生存下去，依靠的都是哪種能力呢？

【解答】

（1）牡羊座——血性

牡羊座是個依靠本性生活的人，充滿著積極向上的生命力。他們不怕失敗，也從不灰心失望，憑藉著一身是膽的勇氣和永遠都用不完的精力，牡羊座能夠輕鬆掌握生存的技能和做人的門道，在社會上橫衝直撞，創出屬於自己的一片天。不過，因為正直單純的天性，牡羊座在面對社會骯髒消極的一面時，很容易變得憤世嫉俗，久而久之可能會把自己封閉起來。

（2）金牛座——自我

金牛座是個自我的星座，這裡的自我是說，金牛座的人一向都不理其他的事，而只是安靜的開拓屬於自己的領域，他們不會參與任何是非，不去干涉別人的事，倔強而自我的為自己的幸福和財富而努力奮鬥。他們雖然知道社會上的種種不公，但卻能夠容忍這樣的存在，獨自過著屬於自己的生活。

（3）雙子座——精明

雙子座是最能適應社會的精明人了，他會不斷地吸收資訊並依據這些資訊調整自己的行為，他接受的資訊不光是市場行情、政治動盪這類消息，還包括身邊人各式各樣的需求和喜好，並根據這些資訊討好身邊人，贏得對方的喜愛，進而保證自己生活得如魚得水。當然，這樣的生活是否讓他覺得開心，那就要問雙子座自己了。

（4）巨蟹座——堅強

聰明和寬厚給了巨蟹座生存的基礎，而只要有了堅強，就能讓巨蟹座成為一個成功的人。看過了社會上黑暗上的那一面，巨蟹座只能拋棄自己偶爾的脆弱，逼迫自己狠一點、再狠一點，這樣才不會被人欺負，爭取到屬於自己的權益。

（5）獅子座——魄力

獅子座缺乏未雨綢繆的準備能力，容易讓自己陷入困境，因此獅子

座在社會上發展的好壞和身處的環境時局關係密切，有時候非常順利，有時又困難重重。獅子座一向都很慵懶，可是一旦有什麼狀況逼迫他們爆發，他們就會立刻發揮出令人意想不到的能量，做到一般人做不到的事，讓人刮目相看。

（6）處女座——技術

處女座的人在社會上通常都過得不錯，因為他們往往都是有著一技之長的人。其他的發展方法處女座一向都沒有太大的興趣，也因他們的個性所限很難達到，所以處女座能夠依靠的，就只有自己過人的技術。這種沒沒無聞的生活方式也許是很多人都不甘願的，但對處女座來說，卻能給他們成功的滿足感。

（7）天秤座——環境

天秤座最大的優點就是給自己創造一個良好的發展環境，就算沒有這樣的環境，他也能夠為自己打造出一個來，創造出了這樣天時、地利、人和的環境，他就可以好好的讓自己努力下去，一步步發展起來了。如果沒有相對的優渥環境，天秤座的處境會比較艱難，只能依靠自己知足常樂的心理來獲取滿足了。

（8）天蠍座——能力

天蠍座從來都不在乎讓自己立足或成功這類事，他只是最大能量的活著，需要什麼也無所謂，不必擔心，因為他有能力。能力就是天蠍座最大的靠山，能夠讓他輕鬆獲取自己想要的東西，當然，能力也正是在社會上生存最需要的基本能力了。所以只要不被命運牽絆的話，天蠍座應該是發展得最好的人，因為他不在乎，所以沒有壓力。

（9）射手座——運氣

樂觀和運氣是射手座成功的兩大法寶。雖然射手座非常天真，有時還有些盲目，但他們卻總是義無反顧，不顧別人的譏笑，一心去做自己的事，何況射手座一向都有旁人都不及的好運氣，不管採取什麼樣的方式，他總是能夠歪打正著、糊裡糊塗的成功。其實射手座的心思是很清明的，只是他會覺得這樣隨意的生活會比較舒服。

（10）魔羯座——實力

魔羯座達到成功的方法是最困難也最吃力的——實力，他依靠的是不斷的累積、信念、技巧、堅持不懈的心態等等，所有不可缺少的因素，經過艱苦的努力來達到自己想要的成功。當然，這樣的生活可能非常辛苦，是其他人所不能忍受的，但卻正是魔羯座所選擇的方式。

（11）水瓶座——技巧

水瓶座不喜歡一成不變的奮鬥方式，他喜歡用技巧來為自己省力，如果可以走捷徑的時候當然選擇捷徑，但如果該踏踏實實做事的時候他也絕不會偷懶，這是水瓶座最聰明的地方。只不過，技巧運用的太多，追求的變化太多，也會讓水瓶座覺得不夠安定也無法滿足。

（12）雙魚座——靈感

靈感能夠讓困難的事情變得簡單，讓無聊的事情變得有趣，但靈感不是人人都有，也不是時時都有的，可是它偏偏是屬於雙魚座的優勢，是上天給雙魚的眷顧。靈感能夠創造出的東西太多了，它能夠給雙魚座輕鬆且與眾不同的財富。當然，捉摸不定的靈感會讓雙魚座成為過得最美好的那一個，也可能會成為最慘的那一個喔！

顏色透露你適合的工作

對於顏色的喜好可以看出一個人的性格，而一個人的性格則決定了他在今後生活中的種種選擇，想知道自己適合哪種工作，從你喜歡的顏色中就可以看出來。

【解答】

（1）紅色。

紅色代表著熱情、衝動的生存本能，擁有著驚人的爆發力和與眾不同的吸引力。熱愛紅色的你活潑樂觀，從來不隱藏自己的企圖，對於自己感興趣的東西總是勢在必得。銷售之類的業務工作很適合你，因為報酬和工作量息息相關，會讓你保持高度的熱情和動力，而且你一向能夠很直接表達自己的意圖，有必要時還會帶著一點強迫性，所以在銷售方面的成交能量比別人強得多。此外，喜歡紅色的人肌肉發達，擁有過人的爆發力，一些需要大量體能的工作也很適合，比如健身教練、運動員、消防員之類。擁有無限能量和強烈的表達慾望的紅色，同樣喜歡在眾人的目光中展現自己的魅力，因此也很有成為明星的潛力。

（2）橙色。

溫暖的橙色總是帶給人如沐春風的感覺，而橙色的你也是一樣，能夠帶給人歡樂和溫暖，所以你很適合從事人際關係方面的工作。就算是初次見面，你也可以和對方建立起良好的關係，對於別人的不和，你也能夠輕鬆的居中調停，和諧彼此的關係。你向來有處理複雜的人事關係的能力，又能夠給別人帶來歡樂，很適合從事公關、服務行業。

（3）黃色。

你聰明自信，很有自己的想法，也很善於從事情中看出不同的內容，總是能看見別人看不見的問題，提出別人想不到的解決方案，因此寫作、企劃之類的工作很適合你。不過你的聰明也容易讓你自大，所以你只願意選擇那些能夠讓你擁有足夠自我空間，可以任意發揮才華的工作，此外黃色也代表金錢，所以能賺錢的工作才是你的首選。作家、記者、廣告公司文案、企劃最適合你。

（4）綠色。

綠色是大自然的顏色，代表著自然的生命力，充滿活力和愛心，最勇敢也最大膽。喜歡綠色的人很為他人著想，樂意為他人服務，在朋友中是大家都選擇做為傾訴心事的對象，而在社會上也適合從事那些愛心慈善性質的工作，比如環保、社會慈善工作等。另外，綠色還是心臟的顏色，代表勇於冒險的勇氣和能夠面對一切挫折的自信，擁有強大的能量，使你能夠跳脫各種限制，勇敢追求自己的目標，能夠成為成功的商人，再加上你良好的人際關係，能為自己吸引到各路貴人相助，更輕鬆的獲取財富。而且，這種泰山崩於前而色不變的能力，在局勢瞬息萬變的股票市場十分有利，能夠幫助你輕鬆獲利，所以投資理財的工作也很適合你。另外，喜歡綠色的你如果喜歡花草，也可以從事園藝方面的工作。

（5）藍色。

喜歡藍色的你理性沉靜，頭腦清晰，富於邏輯性，擅長領導統御，能夠輕鬆看到問題的本質，並找出相對的解決辦法，具有天生的權威性，能夠讓人服從，很適合擔任管理者的角色。喜歡藍色的人擅長溝通，講話脈絡清晰，切中要點，能夠將複雜的事情解釋得簡單明瞭，所以講師、發言人的工作也很適合。另外，藍色的人理性但比較保守，可以從事科研方面的工作，也可以擔任比較固定的機關方面的工作。

（6）粉紅。

粉紅色充滿了浪漫而柔美的美麗，帶給人愉快而輕鬆的感覺，令人不由自主被你的魅力所吸引。粉紅色的你對於美麗的事物有著天生的感召力，所有和美麗有關，能夠增添女性魅力的工作都很適合，從模特兒到百貨公司的專櫃小姐，從服裝設計師到美容師，只要和美麗相關，都是適合粉紅色你的工作。另外，粉紅色還代表著親切的、無條件的愛，所以你很擅長照顧人，令人覺得親切，所以兒童教育和幼兒看護方面的工作也都很合適。粉紅色也代表了音樂，你可能對於音樂有著天賦的才華，從演唱到樂器演奏都是很不錯的選擇。

（7）紫色。

紫色永遠都充滿著神祕、夢幻的色彩，令人聯想到未知的神祕，是代表夢幻的色彩。喜歡紫色的人通常都有著優於常人的靈感，能夠在腦海中編織出美麗的畫面，並將之投射在現實生活中，成為出色的藝術家，所以從文藝、繪畫到戲劇等方面的工作都很適合紫色的人。此外紫色的人對宗教有著特別的興趣，且有著神祕的通靈能力，能夠與異世界溝通，所以投身於宗教團體，或者從事占卜師之類的工作的也很多。不過，紫色的人行動力不強，容易沉醉於自己腦海中編織出的美麗夢幻中，卻忘記了自己生活在現實的世界裡，如果能夠將自己的夢想投射到現實世界，將虛幻的想像變作現實，才能實現自己的事業。

（8）紫紅色。

喜歡紫紅色的你做事仔細，行動謹慎，具有很強的分析和歸納能力，做事井井有條，很善於處理各種細節問題，行動力頗強。認真仔細的紫紅色人很適合從事行政、會計方面的工作，因為他們總是能周到的考慮到各方面的問題，將事情都規劃好，基本上不會出紕漏，自己開店做生意，比如開些咖啡店之類的也很適合。紫紅色的人多半手很巧，在手工方面很有天分，也很適合做一些手工藝方面的創作，比如飾品、小型雕刻等。另外，紫紅色的人非常體貼，樂於付出，總是主動地照顧別人，也很適合從事祕書、總管方面的工作。當然，只要你學會多做事少抱怨，不要隨意發洩你的不滿，會讓你更受歡迎。

（9）藍綠色。

喜歡藍綠色的你特立獨行，有著過人的才華，愛好自由，不願意受束縛，但有時會令人覺得太過驕傲。你適合需要創意的工作，能夠發揮你天才般的才華，創造出令人讚嘆的成果。此外，不願意受約束的你也更適合選擇那些不用限制上班方式的工作，不刻意要求朝九晚五的工作時間讓你覺得自由，也更能發揮你的創造力。所以，科技方面的新興產業很適合你，因為你擁有別人比不上的創新能力；藝術設計方面的工作也是好的選擇，因為你總是有很多新的想法；媒體行業的工作也不錯，比如廣告公司、電視臺和報紙等等。總之，只要能夠讓你在不被限制的條件下發揮你的才華就行了。當然，要成功你首先還要學會認真一點，不要覺得什麼都是可以隨意的。

（10）白色。

白色代表著純淨聖潔，如同纖細敏感的靈魂，單純而寧靜，具有令人平靜的能量。喜歡白色的人對於他人的情緒有著感同身受的能力，能夠深切體會到別人的痛苦和哀傷，產生共鳴，並懷抱著慈悲善良的心去慰藉對方，希望能夠給予他人安慰，而這正是宗教中人所從事的工作。另外，醫護人員往往會著白衫，也是因為白色所帶來的寧靜安神的作用，所以喜歡白色的你可以從事這方面的工作。白色也代表了純淨和簡單，可見你的性格單純，不喜歡複雜的東西，會自然地避開某些充滿負面能量的人和事，所以跟身心淨化有關的工作也很適合你。

流年數字占卜工作運

世界變得好快，也不知道什麼時候經濟危機就席捲而來，讓大家岌岌可危，這種時候越發要未雨綢繆，想知道自己今年的工作運勢如何，試試用流年數字來占卜一下。

占卜方法：

將今年的年分數字和自己出生月日的數字相加，加到個位數為止，這就是你的流年數字。比如說今年是2009年，你的生日是2月17日，那麼2＋0＋0＋9＋2＋1＋7＝21，2＋1＝3，那流年數字就為3。

【解答】

流年生日數字為1：看起來似乎有很多的工作機會，但其實事情沒有那麼順利，沒有一個工作能夠談得成功。

流年生日數字為2：身邊的親友會介紹一些工作給你，因為有人的引薦，所以就業的機率還是很高的。

流年生日數字為3：可以選擇的工作機會很多，這個時候不妨大膽一點，嘗試一下業務方面的工作，也許會有意想不到的收穫喔！

流年生日數字為4：先確定你的目標吧！多留意就業的相關資訊，做好面試的一切準備，那麼當工作機會到來的時候，你就能輕鬆抓住了。

流年生日數字為5：先別忙著找工作了，毫無頭緒地到處亂撞並不是好辦法，不如試著提升自己，進修一下，會讓你今後的求職之路更好走。

流年生日數字為6：是不是覺得目前的工作不太合你的心意，但又不敢輕易離開？其實沒有必要勉強自己，嘗試一下其他類型的工作，也許會讓你找到你終生的事業。

流年生日數字為7：有時候太過執著反而會讓你陷入死胡同裡去，無心插柳柳成蔭，也許最適合你的工作會在你意料之外來臨。

流年生日數字為8：你可以找到一份非常適合你的工作，能夠學以致用，並且獲得很不錯的成績，甚至還可以考慮自立門戶。

流年生日數字為9：雖然暫時之間沒有合意的工作，但希望其實就在不遠的未來。讓自己的心沉穩下來，會讓你有更多的收穫。

給十二星座的社交忠告

人際交往是我們所有人都不能避免的社會活動，如果處理得當，它能夠為我們的生活提供助力，但如果處理得不好，卻是會阻礙我們的發展的。那麼，十二星座該如何處理自己的人際關係呢？

【解答】

牡羊座：反省一下自己的言行吧！是否有因為太過堅持己見而惹人反感了，學著多尊重別人的意見，才是與人相處之道。

金牛座：個性溫和，所以人緣一向不錯，但如果真的激怒了他，金牛座會忽然爆發，大發雷霆，但是這樣的發洩管道可不是好方法。如果覺得情緒難以控制，還是先找個方法讓自己冷靜一下吧！

雙子座：不能忍受任何的束縛，永遠都在追求變化，甚至於戀人之間的兩人世界都會讓你覺得太過單調，你還是適合在人群中和大家打成一片，而且因為你的活躍，你的人緣相當不錯。

巨蟹座：就如同螃蟹一樣有著堅硬的外殼和柔軟的內心，他們很懂得保護自己不受傷害，但依靠的方法卻是將自己困在蟹殼裡，因此巨蟹座往往無法懂得如何擴展自己的交際圈。

獅子座：開朗、豪氣，就算是初次見面的人也能夠很輕易地交談，並熟絡起來，所以非常容易交朋友。但是獅子座太容易相信別人，要小心被欺騙，甚至被利用。

處女座：完美主義者的處女座神經敏感，對任何事情都很在意，因此容易吹毛求疵，讓人受不了。如果能夠學著寬容一點，不要太過一絲不苟，會讓你更受歡迎。

天秤座：聰明外向，能言善道，是當之無愧的社交高手，常擔任人與人之間溝通的橋樑。只不過巧言令色鮮矣仁，把握好尺度才不會讓人覺得你浮誇。

天蠍座：天性冷酷的天蠍座在初次交往時總給人不易相處的印象，但這其實只是因為他不善於表現自己罷了，如果遇到個性投契的朋友，天蠍座是非常珍視友誼的。如果能夠試著放低身段，多對人微笑的話，會改變別人對你冷漠的誤解，不妨嘗試一下。

射手座：是個好交朋友的星座，只是「相識滿天下，知音有幾人」，有時候朋友貴精不貴多，再多的酒肉朋友也比不上一個真心對待你，能夠在困難時提點你、幫助你的真朋友，還不如縮小交際圈，多交幾個肯對你說真心話的朋友。

魔羯座：你性格寬容，能夠接受所有不同的意見和不同個性的人，所以你的人際關係一向很好，而且在人際交往中你也比較有精神，會小心翼翼的保護自己。

水瓶座：如果能限制一下自己凡事講求理性的個性，對待他人寬容一點，不要自命不凡，別太過苛責他人，那麼與別人相處的時候你會更受歡迎，試著用感性一點的眼光看世界，會讓你欣賞到更多的好風景。

雙魚座：總是很顧及他人的想法，有時也會因此而不敢表白自己的立場，其實這樣只會讓你自己難受。另外，雙魚座的個性太過單純，容易輕信他人，很容易受到欺騙。

選擇你的職場搭檔

俗話說「一個好漢三個幫」，在職場中也是一樣，要有好的助手和同事才能建立起良好運轉的事業，想知道你應該選擇什麼樣的職場同伴，又或者你該如何配合你的上司，從血型中就能窺見一二。

【解答】

A型

A型人有著很強的安定個性，能夠穩定的建立起自己的基礎，可是一旦面臨危機，完美主義的他就會給部下施加壓力，導致人人緊張不已，最後產生叛逆心理。當然，只要A型能夠預見並注意到造成危機的因素並採取相對的措施，就能有效的預防危機。

AB型人應該是A型人的最好同伴，他柔中有剛，非常值得信賴，其合理主義的個性氣質能夠適當的輔助A型人。除此之外，B型的人也能輔助A型主管。而對O型人而言，如果兩人的想法和精神狀況都比較一致的話，O型人能夠輕鬆地瞭解到對方的想法和動機，而且兩人一個著眼於小處，一個則關注大的方面，因此他們會是一對完美的夥伴。但是，如果A型人是主管，O型人是下屬的話，很容易產生危機，A型人注重細節，但O型人卻施行著整體企業的管理行為，這種權責上的倒置，必然會造成爭執和不滿。如果兩人意見相左，形成對立，則雙方都會堅持己見，因為不會坦白自己的想法，最後會開始一場曠日持久的明爭暗鬥，其結果必然是分道揚鑣。

B型

B型人很有主見，對他來說，關心自我的行為和動機，總是要先於他對社會的野心。B型主管中，很多人都是靠上級或長輩的賞識來加以提撥，然後才嶄露頭角的，因此，B型人想要充分施展自己的才華，必須要有人庇護。另外，B型人太過現實，所以不重視理論工作，考慮不夠周詳，喜歡過多地表現個人行為，所以他非常需要好的參謀和助手。好的助手能夠成為他和其他人溝通的橋樑，避免他過於任性的行為，也可以彌補B型人不專心和有時候對事情毫不在乎的心態。

其他血型都很適合做為B型人的助手和同事。同為B型人來輔佐的話，可以說兩人氣味相投，想法一致，非常契合。如果是A型的助手，那麼對進攻型或是策劃者的B型人來說，他就是最好的守成者和宣傳者。如果是AB型的助手，那麼他能夠支持B型人各種的想法，並冷靜的給予支援。如果是O型輔佐他，那麼O型的助手會將B型人自由且富於變化的構思，整理成可操作的實在事物，並能將他的想法傳達給其他人，積極的激勵大家，將大家團結起來，朝著目標前進。

當然，同時必須小心各種負面性格的影響：B型人可能扯你的後腿；A型人可能會因B型主管沒有原則而憤然離去；AB型助手可能會對你的失誤表現得非常冷漠；O型助手可能會圖謀結黨奪權。所以一定要挑選好自己的助手，小心眾叛親離的情形出現。

AB型

最適合輔助AB型的是B型的人。AB型人事事都要求合理性，因此對於不合理的社會現象和習俗都非常不接受，進而導致情緒上的波折，而B型人對於這些價值觀和規則都不在意，反而能給AB型人支持和開導。此外，如果彼此之間因為有距離而反而覺得對方有魅力並互相體諒的話，AB型的主管和O型的人也非常搭配，而且可以維持一個很久很安定的關係。

但是，AB型的主管和A型助手並不適合，還是A型主管和AB型助手比較相配。而AB型和AB型的搭配則很難保持長久，除非經由人為的努力加以保持。

O型

O型人和B型人一樣，都是很需要幫手的人，因為他們都是「個人行動派」，需要團體行動的好參謀。O型人總是埋頭拼命工作，因此很容易忽視周圍人的意見，而且O型人對權力和地位有很強烈的慾望，過於袒護「自己人」，一旦處理不當就會造成麻煩。

最適合O型人的合作者是B型和AB型的人。B型人的才華能夠得到

O型的器重，並加以發揮；AB型人冷靜的個性則可以彌補O型人熱情太過，有時無法控制的毛病，他們能夠互相吸取對方的優點，恰到好處的配合。此外，A型人也可以和O型人搭配，因為A型人會看護O型人，O型的人在陣前衝鋒，A型的人則是參謀，攻守兼備，能夠給人安全感。如果與同為O型的人搭配，能夠對目標產生共同意識，彼此緊密結合。

但是，A型人可能會對O型人強制性的態度和自行其是的行為感到不滿；而同為O型的人如果年齡、實力相當的話，合作關係很可能會演變成權力鬥爭。

你是工作狂嗎？

（1）假設你的眼前有一杯水，你認為裡面裝了多少水？

一點點——接Q6

滿滿的——接Q2

（2）你更喜歡在哪裡看日出？

山上——接Q8

海邊——接Q3

（3）下面的字母你喜歡哪一個？

M——接Q8

Q——接Q4

（4）當你煩惱時，能夠找到兩個以上可以訴苦的好朋友？

是——接Q10

否——接Q11

（5）你的皮夾中放有自己的名片？

是——接Q9

否——接Q7

（6）看到一對情侶在飯店門口，你覺得他們是：

剛進去——接Q5

剛出來——接Q7

（7）你喜歡打麻將或其他賭博性的遊戲？

是——接Q9

否——接Q10

（8）如果有一個星期的時間必須變成一種動物，你會選擇哪一種？

狐狸——接Q7

小白兔——接Q4

（9）在開會時，你會明確表示自己的反對意見嗎？

是——接Q12

否——接Q13

（10）坐捷運時被踩了一腳，你會踩回去嗎？

是——接Q13

否——接Q14

（11）當你聽到有人批評你的公司或上司時你會生氣嗎？

是——接Q14

否——接Q15

（12）你是宿命論者？

是——A類型

否——B類型

（13）你會去打小鋼珠？

是——B類型

否——C類型

（14）你喜歡什麼顏色的衣服？

白色——D類型

白色以外的顏色——接Q15

（15）如果有位很靈的算命師叫你改名，你會改名嗎？

是——E類型

否——D類型

【解答】

A類型：工作狂指數90%

你是個十足的工作狂，一工作就停不下來，幾乎沒有休息的時候。因為毅力十足，又能夠踏踏實實的做事，所以你總能克服一個又一個的困難，獲得不錯的成就。但是，將所有的精力都放在工作上會讓你錯過人生中其他的樂趣，成為別人眼中刻板無趣的人，所以有時候不妨讓自己輕鬆一下，放下工作，享受人生。

B類型：工作狂指數70%

你對任何事情都很有興趣，所以交到你手中的工作你都會去努力完成，這讓你看起來非常的積極主動。再加上你在工作之外也很善於玩樂，所以在公司的人緣相當好，能夠輕鬆登上領導之位，是部屬眼中出色的上司。不過要記得多給家人點時間，不要讓工作影響了你的生活。

C類型：工作狂指數50%

工作對你來說只是保障生活的必要手段，你為了收入而工作，雖然希望薪水越來越豐厚，但你是不會為了工作犧牲生命中其他的樂趣的。你更傾向於按時上下班的生活，把閒餘時間拿來做自己的事，你也不可忘飛黃騰達，只要能夠安定快樂就好了。當然，如果你能夠更有耐心一點會更好，而基本上大部分人都是這個類型。

D類型：工作狂指數40%

你是個非常情緒化的人，心情左右了你對待工作的態度，如果心情好的時候幹勁十足，加班熬夜也毫無怨言；可是如果心情不好，就算是八小時的上班時間也會讓你覺得憋悶。收拾起自己的情緒吧！把心情帶到工作中去會讓人覺得你太孩子氣，對你的事業有害無益。

E類型：工作狂指數30%

工作對你實在沒什麼吸引力，要不是為了生活才不要工作呢！最好當然是不用工作，可以天天玩才好。每每當你工作一段時間之後，你就要給自己放個假，所以換工作換得相當頻繁。只是這樣的生活年輕時還無所謂，如果老了還這樣，吃虧的可是自己。

星座血型決定你的職業

出生日期決定了我們的星座，而星座又影響了我們的命盤，給予我們各種不同的性格，同樣地，血型和星座一樣，從出生起就伴隨我們一生，影響了我們一生的生活，那麼，當星座碰上血型時，會培養出什麼樣性格的人，這樣的性格又將決定你如何去選擇適合自己的工作呢？

【解答】

（1）牡羊座。

A型牡羊座——牡羊座衝動熱情，A型卻安定內斂，這本身就是兩種互相衝突的性格，而在大部分的A型牡羊座人身上，呈現出來的都是安靜穩重的那一面，但不要以為他就是這樣的人，其實在他的內心，是很討厭一成不變的沉悶生活的。所以太過無趣的工作是不適合A型牡羊座人的，他其實需要活潑一點的工作，但太複雜的工作牡羊座也不善於處理，因此教師、護士、營業員、出納等可以與人交往，但又沒有太大壓力的工作比較適合A型牡羊。

B型牡羊座——B型的牡羊座性格外向開朗、勇於冒險，又沒有什麼權力慾，很適合外向型拓展性的工作，比如銷售人員、保險代理、地產經紀之類的工作。但B型牡羊座性格衝動，粗枝大葉，是必須要克服的毛病。

AB型牡羊座——如果可以用牡羊座的熱情彌補AB型的距離感與冷漠感，或以AB型的客觀冷靜來消除牡羊人衝動的性格，將AB型的理性溫和與牡羊的真誠勇敢結合，會是很好的銷售、公關、協調人員、導遊等等。

O型牡羊座——這個血型星座的組合極具勇氣與活力，自信活躍，很容易給人留下深刻的印象，因此適合那些外向型的工作，比如銷售、公關、企業事務等與人打交道的拓展性工作，同時也適合做演員等表現性強的工作。

（2）金牛座。

A型金牛座——A型的金牛座人繼承了金牛座安定沉穩的個性，極富耐心，對金錢又十分敏感，但A型的金牛座不善於交際，不喜與人交往，所以適合單純一點的融資財務方面的工作，比如會計、銀行職員或證券公司職員之類。

B型金牛座——B型的金牛座比其他的金牛座性格隨意，如果能夠將金牛人特有的感官靈敏或藝術方面的天賦，與B型隨心所欲的創造力相結合，那麼就能發揮其天生的長處，像廚師、調香師、調酒師、作曲家、歌唱家、舞蹈家等工作都是不錯的選擇。

AB型金牛座——AB型的金牛座性格溫和，行事低調，雖然沒有太大的權力慾，但因為世故客觀，處事沉穩可靠，所以很適合從事和商業有關的工作，當然，如果能在輕鬆的氣氛中工作也更適合，比如客戶服務、投資諮詢、經紀人等工作。此外，如果能夠發揮金牛座在美食或藝術方面的天賦，像演員、廚師之類也不錯。

O型金牛座——O型的金牛座往往都在某一方面很有特長，又有著很強的事業型，因此很早就可以在某些特殊的領域建立起自己的事業；不過O型金牛座性格固執，不喜歡聽從別人的意見，所以不適合在別人的領導下工作，而藝術文化、歌手、作家等方面比較適合他。

（3）雙子座。

A型雙子座——A型雙子座兼具知性與理性，既有雙子座善於傳播資訊的能力，又有A型人理性安定的特質，所以對很多工作都能夠認真踏實的做好。但是因為雙子座對於各種新知有著極強的吸收能力，又有很好的創新能力，所以很適合從事新興產業或創意方面的工作，比如科技企業、網站設計或者文案創作方面的工作。

B型雙子座——B型的雙子座開朗活潑，辦事能力強，反應敏捷，口才極佳，喜歡追求新鮮的東西，討厭循規蹈矩的工作模式，熱愛刺激和挑戰，因此具有創意和不斷變換的工作環境才能讓他投入，比如記者、銷售、創意人員、主持人、播音員、市場策劃、公關人員、導遊等。

AB型雙子座——AB型雙子座冷靜理性，但也有幽默的一面，處世靈活，很容易和他人建立良好的關係，所以與人溝通或服務性強的工作很適合你。但是AB型人很容易疲倦，雙子座又是腦部活動發達的類型，所以需要消耗大量體力的勞動不適合AB型雙子座。

O型雙子座——O型的雙子座靈活冷靜，想法又多，也善於與各類人打交道，適合市場策劃、公關或人力資源之類的工作。不過O型雙子座年輕時性格不定，對工作容易厭倦，喜歡不斷地換工作，所以如果選擇與流行和時尚有關的行業，比較能夠維持新鮮感，適合O型雙子座。

（4）巨蟹座。

A型巨蟹座——A型巨蟹座人個性傳統而保守，循規蹈矩，無論什麼工作他都會努力去做好，但因為A型巨蟹座性格敏感壓抑，如果工作的環境太過複雜的話會讓他覺得壓力太大，所以簡單而快樂的工作環境比較適合A型巨蟹座。文案管理、技術人員、一般管理人員、祕書和家庭主婦等工作比較適合，而如果能夠掌握一門專業技術會讓A型巨蟹座感覺更輕鬆。

B型巨蟹座——B型的巨蟹座親切熱心，樂於助人，喜歡照顧人，就算是覺得不好的工作也會努力適應，雖然有時容易情緒化，但自己還能控制情緒，消除自己的心理壓力。比較適合從事照顧人的工作，比如後勤經理、兒科醫生、幼兒教師、心理諮詢師福利、慈善機構工作人員等。

AB型巨蟹座——AB型的巨蟹人個性細膩，勤奮上進，很希望獲得他人的肯定，感覺敏銳，善於察言觀色，適合能夠發揮其靈敏性和精打細算的特性的工作，比如財務人員、活動策劃、市場推廣等。

O型巨蟹座——O型的巨蟹座個性細膩，行事周到，性格低調，所以不善於發揮自己的長處，但如果是一對一的模式，則能夠發揮出自己的特長，所以O型巨蟹座適合做投資分析、心理諮詢類、社會福利類、技術類等工作。

（5）獅子座。

A型獅子座——A型的獅子座有著獅子座強烈的表現慾和控制慾，同時也有著A型人的高貴氣質，是會出大明星的一個星座血型組合喔！A型獅子座適合從事管理方面的工作，能夠讓他們滿足自身的控制慾，也很完美的管理好下屬，另外時尚設計師的工作也很適合A型獅子座。

B型獅子座——B型的獅子座熱情大方、勇敢無畏，樂於付出，有很強的表現慾，希望得到眾人的肯定，但容易急躁、略欠耐性，所以需要認真仔細的職業不太適合B型的獅子座，而內向型的工作也不太適合。像飛行員、空姐、導遊、消防員、救生員、銷售人員、娛樂節目主持人等工作比較適合。

AB型獅子座——AB型的獅子座充滿魅力，給人權威感但又不冷漠，令人信賴。AB型的獅子座對事業有著極大的慾望，嚴於律己，很適合領導性的職位，比如經理、經營者、實業家、議員等。另外，獅子座強烈的表現慾使之也很適合從事演藝方面的工作。

O型獅子座——O型的獅子座個性強勢，領導欲強烈，再加上非常的自信，又有自己的主張，言出必行，因此很適合管理型的工作，銷售經理、部門主管、政治家、導演等工作都很適合，而自己創業也是非常不錯的選擇。

（6）處女座。

A型處女座——A型的處女座敏感謹慎，很少出錯，性格又很沉穩，但不夠外向，只有在熟悉的環境中才能發揮出自己的能力，所以從事與文字、知識相關的行業會比較容易做出成績，比如統計員、文員、測量員、研究員、文字校對等工作。少轉換職業以及避免拓展性的外向型工作比較好。

B型處女座——B型的處女座會比其他處女座活潑，但同時又欠缺了點處女座認真謹慎的個性，不過總體而言，B型的處女座還是很有服務精神的人，只要能讓處女座的勤奮個性壓過B型的慵懶天性，就能夠為自己的未來找到方向。

服務員、營業員、空姐、護士、慈善或福利機構的職員等，都很適合B型的處女座。

AB型處女座——AB型處女座的你，最好是選擇可以用自己冷靜的分析力，以及富於理性、知性的工作，而且最重要的先決條件，是要能夠獨立作業。適合你的職業有經理、稅務員、會計師、銀行職員、秘書等。但最好是選擇需要動腦的工作，如翻譯、通訊、速記者、評論家、製作人等，都能有所發展。AB型的人大都能兼顧副業，不妨找些有興趣的工作，相信必能有意外的收穫。

O型處女座——O型的處女座是比較好的管理者，能夠堅定的執行上司的意見和策略，工作認真細膩，但略欠靈活和變通性，基本上在任何職位都可以做得不錯。相對而言，O型處女座更適合做為一個貫徹者和執行者，像文員、部門主管、公司經理、採購等工作比較適合。

（7）天秤座。

A型天秤座——A型天秤座溫和謙讓，也是天秤座中最勤奮的那一個，他很在乎別人的看法，希望能夠得到所有人的認同，因此會很努力的學習，學習相關的知識，但因為個性溫和被動，所以不太適合領導性的工作，適合的職業有教師、工程師、會計、文員、護士、翻譯、美容師、藥劑師等。

B型天秤座——B型的天秤座多才多藝，口才好，善於交際，很適合做外交人員、業務人員、營業員、接待員等和人交流的工作。此外，如果能夠將天秤在藝術方面的天賦與B型的感性和直覺性結合，那麼演員和藝術家也是不錯的選擇。

AB型天秤座——AB型的天秤座風度優雅，氣質溫和，社交手段靈活，能夠協調眾人的關係，因此很適合那些需要集體合作性質的工作，比如貿易公司、公關代表、接待員、大使、外交官、調解委員等，而且利用你與生俱來的美感，有助於你在事業上的成就。

O型天秤座——O型的天秤座是很好的管理者，考慮事情非常周到，也能夠平衡各種關係，起到很好的溝通作用。起初可以選擇銷售、公關、助理，導遊之類的工作，之後可以往管理層發展。

（8）天蠍座。

A型天蠍座——A型的天蠍座有敏銳的感受力和較強的預見性，遇事深思熟慮、自我要求很高，但卻不善於表達自己，因此很適合做幕後的策劃人才，適合的職業有算命師、公司助理、培訓師、心理諮詢師、攝影師等。

B型天蠍座——B型的天蠍座直覺甚強，如果能夠讓B型的活潑與親和力消除天蠍座天生的冷漠感的話，對今後工作非常有好處。B型天蠍座適合的工作很廣泛，只要能夠克制自己衝動的情緒，基本上大部分工作都很適合。

AB型天蠍座——AB型的天蠍座有強烈的責任感，能夠堅持自己的夢想，一旦找到自己喜歡的方向，就能夠成為該行業的佼佼者，適合的工作有商人、科學家、學者、IT業技術人員、心理學家等。不過因為天蠍的冷漠和距離感，不適合從事與人溝通的工作。

O型天蠍座——O型的天蠍座有著很強的洞察力和直覺，又有很好的管理和執行能力，適合做人力資源、行政管理、醫生之類的工作。年輕時候工作很努力，非常珍惜機會，因此大部分的工作都很適合，累積了經驗之後可以嘗試自己創業。

（9）射手座。

A型射手座——A型的射手座外表看似安靜，其實內心活潑好動，不喜歡沉悶的工作，希望自己的工作能夠隨意活動，最討厭整天坐在辦公室，所以像營業員、司機等工作都比較適合。

B型射手座——B型的射手座活力十足，善於交際，有較強的獨立拓展能力，但生性活潑，不喜歡受約束，自由而又能增長見聞，可以到處跑來跑去的工作最適合他們了。船員、導遊、時尚買手、記者、空姐、機長、司機等工作，最合B型射手座的要求，而銷售之類需要耐性的工作則不太適合。

AB型射手座——AB型合理冷靜的特質與射手人衝動熱情的個性有衝突，但如果能夠用射手座的熱情來彌補AB型有欠親和力的性格，用AB型的仔細和圓滑來彌補射手的粗心馬虎，能夠讓AB型射手座形成良好的個性。AB型和射手座都具有優秀的哲學觀和人生觀，所以應該可以成為優秀的哲學家或教育家。

O型射手座——O型的射手座興趣廣泛，善於交際溝通，做事效率極高，可以從事公關、銷售、助理之類的工作。但是O型射手座性急缺乏耐心，又不願吃苦，再加上愛好太多，起初往往很難找到自己發展的方向，如果能夠理順自己的想法，耐心一點，才會有更大的發展。

（10）魔羯座。

A型魔羯座——A型魔羯座性格謹慎本分，吃苦耐勞，就算工作枯燥也能夠耐心的面對，但沒有創新和突破能力，所以不善於自己創業，卻是個勤勤懇懇的好員工。適合的職業有會計師、審計員、園丁、員警、政府公務員、醫生、律師等。

B型魔羯座——B型人有慵懶、不喜拘束的特性，偏偏魔羯座有著強烈的上進心，兩種性格的衝突會讓B型魔羯座有些迷惘，但經過社會的歷練之後，魔羯座的勤奮個性會佔上風，加上性格中的靈活性，會讓他在事業上有所成就。建築師、政治家、技術工人、房產或地產經紀、運動員等很適合B型魔羯座。

AB型魔羯座——AB型的魔羯座低調、謹慎、含蓄，對於事業的慾望並不是很大，而喜歡專注於自己喜歡的領域，是順從踏實的員工。這樣的魔羯座適合的工作很多，尤其以內向型的工作為佳。另外AB型人浪漫的個性，也能幫助魔羯座在諸如創作、設計等方面的工作做出成績。

O型魔羯座——勤奮的魔羯座一向將工作放在第一位，加上O型帶來的熱情和勇氣，使得O型魔羯座無論做什麼工作都可以發揮出色。不過年輕時的O型魔羯容易遭到比一般人更多的磨練，等年齡漸長可以獲得豐厚的回報，所以那些辛苦但會有豐厚回報的工作比較適合O型魔羯座，比如企業管理、投資諮詢、律師、醫生等。

（11）水瓶座。

A型水瓶座——A型的水瓶座有著水瓶人天賦的靈性，又有A型的安定性，他們有著非常強大的創新能力，總是能夠有新的想法，因此很適合技術研發方面的工作，再加上A型水瓶座人性格比較溫和，沒有太大的權力慾，所以從事技術方面的工作，遠離管理類職位會比較適合，像IT工程師、技術研發人員、廣告創意、學術研究等都不錯。

B型水瓶座——B型的水瓶座非常聰明，興趣廣泛，創意獨特，反應敏捷，也很善於與人交往溝通，是很好的企劃、設計、創意人員，但最好能在自由發展的環境中工作。適合的工作有：廣告創意、編劇、市場推廣、攝影師、室內設計師等。

AB型水瓶座——AB型的水瓶座頭腦冷靜、愛好廣泛，個性隨和，但易喜新厭舊，變化較多。AB型的水瓶座講究公平正義，富有責任感，也很注重環保，因此環保人員、公益宣傳、教育家、法官、檢查官、偵探、發明家等都是適合的職業。

O型水瓶座——O型水瓶座個性活躍，創意十足，善於接受新的想法，能夠給周圍人創造出可以自由發揮的環境，又能夠整合各方意見，是受人歡迎的領導者，適合做IT產品研發或其他創意團隊的負責人。

（12）雙魚座。

A型雙魚座——A型雙魚座的個性柔順低調，不喜競爭，雙魚座天生豐富的內心情感世界會給予他文學和藝術方面的天賦，而A型的踏實穩重又能將這些靈感轉化為實際的創造，所以A型雙魚座很適合作家、詩人、哲學家、宗教傳播者等工作。

B型雙魚座——B型雙魚座年輕時多半比較迷糊，也不喜歡思考，往往要在年齡較長以後才會明白自己究竟喜歡的是什麼，所以選擇先學習各種知識充實自己是最好的方法，擁有一技之長才能保障B型雙魚座的事業。加上性格柔弱，他不適合過於外向的工作，慈善福利機構職員、教師、詩人、西點師傅、攝影師、編劇等比較適合。

AB型雙魚座——AB型的雙魚座人個性柔順，多愁善感、喜幻想但又有著冷靜的一面，適合從事與藝術、創作有關的自由度較大的工作，比如演員、作家、編劇、海洋生物學家、服裝設計師等。

O型雙魚座——O型雙魚座愛心豐盈，待人熱心，細膩周到，不在乎物質享受，很有服務和犧牲精神，適合祕書、服務員、慈善工作者、宗教行業、寵物行業等工作。

失業了，該如何振作

每個人都難免有遭受挫折和失敗的時候，同樣地，每個人也都又調適心情、克服困難的方法。當面臨失業打擊的時候，各個名宮主星應該如何讓自己從沮喪中振作起來呢？

【解答】

（1）紫微星。

失業之後的紫微星看起來似乎沒有什麼變化，實際上卻是很在乎的。如果有人直接問他有關工作的事，他會覺得你是故意觸動他的傷口，傷了他的自尊心，會讓他很傷心不滿的喔！所以，面對失業的紫微星還是閉嘴不問的好。對紫微星而言，他會壓抑自己的沮喪，用學習來填補他所不足的專業知識，或是寄情於書本，藉以調適自己的心情。久而久之，紫微星會放棄自己從不向人低頭的驕傲，開始迎合他人，以獲得工作上的成果。

（2）武曲星。

武曲星性格剛強，直來直往，失業的時候雖然會努力讓自己振作，但還是難以避免煩躁的情緒，不時就會爆發一下，發洩自己的怨氣。不過身為武曲星，還是會積極尋找讓自己振作的方法，並認真思考自己未來的人生方向。在迷惘的時候他會選擇宗教信仰來支持自己度過這段時間，一旦得到精神上的力量，他就會充滿勇氣，連以前不敢做的事情也有勇氣去做，這時候或許會柳暗花明，獲得意外的收穫。

（3）廉貞星。

充滿戰鬥力的廉貞星，就算失業也會壓抑自己的痛苦，繼續奮鬥，只有在夜半無人之時，才會流露出一點孤立無援的悲苦。不過，廉貞星是不會被失業打倒的，他會努力的學習新知識，不斷提升自己，抓住接下來的每一個機會，為將來的新工作做好準備。而一旦他重新踏入職場，會比以前更出色。

（4）天府星。

面對失業的天府星會好好理清當下的狀況，安撫好自己混亂的心，思考未來的方向。天府星不會因為失業太過心慌，他懂得在經濟上開源節流，相信自己只要努力，工作很快就會找上門了，因為他會用自信的生活態度來面對失業的問題。而且，只要有足夠的力量，天府星能夠給予一個同樣的失業者信心，帶領他走出困境，就算要耗費不少的精力，

天府星也是很樂意為人付出的。

（5）天相星。

樂天的天相星就算失業了還是會維持平日的樣子，每天打扮得光鮮亮麗出現在別人面前，談笑風生，讓你覺得他一點事也沒有，實際是人前歡笑人後愁。不過天相星的人不會因此而失去鬥志，他會利用失業的時間來充實自己，補充自己沒有的知識和技能，當重新工作的時候，就能展現出一個更加出色的天相星。

（6）七殺星。

七殺星衝勁十足，一旦失業便會大受打擊，往日的鬥志也被摧毀。不過這樣的日子不會很長，七殺星很快便會體認到這樣的日子不能再繼續下去，否則會讓自己陷入更悽慘的境地，所以他會很快振作起來，重新燃起鬥志。而且在這段時間內，七殺星會學會堅強和更多的謀略，懂得更好的抓住時機，只要有新的機會，就能開始新的奮鬥。

（7）破軍星。

失業的破軍星簡直是從高峰跌到谷底，他會覺得曾經那麼風光受人注目的自己，一下子卻變成無業遊民，實在難以接受。而且破軍星多疑的個性還會讓他覺得朋友的關心是在故意刺激他。所以失業時，破軍星會選擇獨自承受痛苦，藉由宗教的力量得到啟示，等創傷痊癒之際，也就是破軍星恢復自信之時，此時的他會為自己製造工作機會，讓自己回到以前那個風光的破軍。

（8）貪狼星。

理想主義者的貪狼星失業時會嫉妒心大盛，面對身邊有份安穩工作的人，會隱藏一份嫉妒，但這份嫉妒的心會給他奮鬥的力量和信念，使他盡快從痛苦之中擺脫出來。他會去思索人生的許多道理，藉由這些道理體會人生的起伏，警惕自己不能重蹈覆轍，學習新的人生觀，在今後的工作中更好的表現自己。

（9）太陽星。

失業對熱力四射的太陽星來說無疑就是烏雲罩頂，失去工作的他光芒漸失，覺得生活也失去了樂趣。不過，他還是會耐住性子，學著堅強的生活，好好思考自己的弱點，改掉自己的問題，做好重回職場的一切準備。他會讓你感覺他隨時在做最好的準備，準備接受大家給他的掌聲，因為他會害怕生活在沒有表現的日子中，而使他的太陽光失去光芒。

（10）巨門星。

好學的巨門星就算失業也不會忘記學習，而失業的打擊反而更能激起他強烈的學習慾望。不過，也因為巨門星的個性有些反覆無常，所以他會分析自身的優勢和弱點，嘗試各種新的工作，或許會創立屬於自己的事業，或許會嘗試一個人工作的感覺，依靠自己的獨特的眼光和自信，他會找出真正屬於自己的人生之路。

（11）太陰星。

看似和緩的太陰星實際上頗有些急躁，在失業的初期，他並不著急，而是會好好的休息一陣，或者學點東西，放鬆自己的心情，但很快

他就會煩躁起來，不知道自己的未來該往哪方面走，像個無頭蒼蠅到處亂撞。不過太陰星會藉由一些哲學或是玄學的東西，來釋放心裡的壓力，等他從哲理中找到答案，心情也會好轉些，這時只要有工作他都不會拒絕，而且會做得很自在、快樂。

（12）天梁星。

失業的天梁星就算心中不快，也會在人前裝作若無其事。不過聰敏的天梁星對於失業一點也不會緊張，因為他很清楚，急是沒有用的，他會想清楚當時的情況，好好的尋找新的工作機會。就算一時找不到工作，他還是會接受事實，等待新的機會。另外，天梁星非常善於變通，能夠改變自己來適應沒有工作的日子。

（13）天機星。

腦筋靈活的天機星在失業的日子裡也不會讓自己沉淪在痛苦中，他會加強學習專業知識，或是領悟有關玄學或哲學的道理來沉澱心靈。有時他會因別人的一句話而開始鑽牛角尖，但他很快就會學著克服別人言語帶來的刺激，更積極地培養實力，當他完全領悟其中道理時，他將東山再起，展現出一個全新的天機星。

（14）天同星。

天同星可是很有惰性的，遇上失業就當放假，給自己一個休息的假期。但是如果這個假期太長，天同星就會開始慌張了，此時的他會盡快讓自己奮發，為自己充電，學習新的技藝，在學習的過程中，讓煩悶的心得以釋放，他會找回真正的自己，重新成為那個樂天知足的天同星。

十二星座職場忠告

有時候，個性是我們事業前進的加油站，但有時候它卻會變成我們發展的路障，想要在職場上橫掃千軍，先聽聽對十二星座的職場忠告吧！

【解答】

牡羊座：對牡羊座而言，夢想比天大，為了實現自己的夢想，牡羊可以付出自己的一切，就算錢財散盡、身敗名裂也在所不惜。其實，任何時候夢想都是需要現實支持的，為自己的夢想多做點實際的打算，才是正確的選擇。

金牛座：天生就具有才藝上的能力，所以只要專心發揮自己的天賦，就能有很好的發展。不過金牛座一向有點杞人憂天的毛病，做事時總是擔心這擔心那，其實只要專心做好自己的事就夠了。

雙子座：才華出眾，能力又強，無論做什麼都可以做得很好，但是卻沒有一樣特別成功，其實如果能夠專心於某一件事會更好。所以建議雙子座走量少質精的路線，會更突出。

巨蟹座：非常謹慎，但有時候謹慎太過頭，每一個提議他都會想很久，非常害怕做錯事，造成不必要的損失，結果白白錯失了不少的機會。其實，有時候大膽一點，反而會有所突破。

獅子座：總是很驕傲地說，事情太小他不屑於做，其實他並不是瞧不起，而是不敢去做，可是如果看到別人把這件事做得很好，他又會不開心，認為自己去做可以做得更好。永遠不要為自己找藉口！勇敢去做才是最好的選擇。

處女座：沒有安全感，就算手上已經有了許多，還是會想著我要再多一個才好，這樣才更有保證，其實有時候給自己太多負擔反而會讓事情變得難以處理，學著看遠一點，有自信一點，會過得更舒心。

天秤座：太講究完美，總希望把事情做得滴水不漏，將所有人都照顧到，但其實事情永遠不可能面面俱到，所以請放輕鬆，不要太苛求自己。

天蠍座：永遠都覺得做事只要有能力就夠了，其實人際關係往往是職場中很重要乃至是決定性的因素，而天蠍座偏偏總是看起來很高傲又不好相處，不懂得和周圍人好好相處，於是在長久的職業生涯中總是覺得滯礙難行。所以，想要在職場上成功，除了專業的知識素養之外，人和也很重要。

射手座：總是看得很長遠，許多人沒有想到的東西他早就想到了，而且已經開始著手去做了。但目標太多就會模糊了工作焦點。學會腳踏實地，先抓住眼前的事，做好今天的每一件事，有時候比給自己訂立一個大目標更有效率。

魔羯座：對於工作的態度非常認真，可是就因為太認真了，所以總是那麼嚴肅，那麼緊張，其實放輕鬆點，有時候喘口氣，魔羯座的表現會更優秀。

水瓶座：對水瓶座而言，能夠讓他自由發揮創意的工作才是最適合的工作，只要有你的創意所在，就會是你最愛的工作。不過如果這個工作讓你感覺約束，成為了你的束縛，你就可以考慮換工作了。

雙魚座：對什麼事情都要操心，擔心的東西很多，所以要忙的事情也很多，其實花費了太多的精力在周邊的事情上，只會浪費時間和精力，少管一點閒事，集中精力去攻克關鍵的目標，那麼會更有成就。

你在公司讓人討厭嗎？

基本上，每個人的工作都是需要團隊合作才能完成，也因此，與同事的接觸和摩擦是在所難免的，要保持工作的順利，就要和同事合作無間，彼此信任，想知道在同事眼中你是討人喜歡還是讓人討厭的嗎？

占卜方法：

從下列的撲克牌組合中憑直覺挑選出你最喜歡的那組。

A、黑桃K、梅花3、方塊7

B、紅心9、方塊6、黑桃9

C、紅心Q、梅花4、方塊8

D、方塊Q、黑桃8、紅心5

E、黑桃3、方塊4、梅花5

F、方塊A、紅心J、黑桃7

【解答】

A：惹人厭指數90時

你事業心很強，但採用的方法卻太過急切了一點，總是忙著巴結上司，希望能夠獲得加薪或升職的機會，卻忽略了與同事們保持良好的關係，因此讓人覺得你太過功利，會惹來不少的閒言閒語。其實你很有長輩緣，如果能夠保持低調，眼光別顧著往上看，以謙虛有禮的態度對待同事，就能擁有極好的辦公室人緣了。

B：惹人厭指數75%

你做事積極主動，樂於面對挑戰，就算失敗了也不會灰心，而依然保持旺盛的戰鬥力。但你的衝動總是會留下一大堆的爛攤子，讓你的同事不得不幫你善後，老是惹出麻煩，給同事們帶來更繁重的工作量，會讓大家對你心生不滿。學著辦事仔細一點，將事情處理得周全，才是為人處事的正確態度。

C：惹人厭指數10%

你天生個性溫和，不喜與人爭執，很容易相處，你總是保持著要對人友好的想法，對人和善，從不說人壞話，因此很受同事們的歡迎，也能夠幫其他人調解彼此的關係。而且你並沒有太大的事業野心，對你而言工作只是保障生存的必要方式，所以你不會和同事競爭什麼，也就不容易令人反感了。

D：惹人厭指數35%

你處事精明，凡事都精打細算，事情總是辦得滴水不漏，不過你總是覺得做事只要做就好，因此往往只是埋頭做事，而從來不說什麼，有功勞也不搶，被誤會了也不主動澄清，結果反而讓人覺得你心懷鬼胎，甚至會有小人爭搶你的功勞。另外，你一旦緊張或事情做得不好的時候，就會心情煩躁，而且所有的情緒都擺在臉上，讓同事誤會你是對他們有意見，不敢和你太過親近。

E：惹人厭指數65%

你個性好強，愛面子，凡事都不服輸，對於自己的目的一定要達到，什麼都要搶贏，又喜歡直接表達自己的意見，對於任何事都可以當面批評，就算是覺得上司做的不對也敢直接反駁。於是同事一方面不喜歡你的咄咄逼人，一方面又怕和你太近了之後影響自己在上司心目中的影響，往往對你避而遠之。建議你還是放下身段，少說多做，凡事多思量。

F：惹人厭指數50%

你個性自我，固執堅決，凡事想到什麼就做什麼，完全不去想別人會怎麼看，所以在工作時經常會忽略整體的協調，引起同事的不滿。而且你比較情緒外露，一旦承受了壓力或感覺委屈，就會把所有的不滿都掛在臉上，也影響到其他人的心情，令人反感。學會處事委婉一點，態度溫和一點，心裡不要只想著自己，會讓你的生活更順利。

考試前，塔羅一下吧！

要考試了，想知道自己這次的考試順利與否，就讓塔羅牌來告訴你。

占卜方法：

準備好二十二張大阿爾卡納，將牌背面朝下洗好，疊好橫向放置；將牌按順時針的方向從橫向轉為豎向放置。如是為他人占卜，則按逆時針方向旋轉；將牌均勻的打開成彩虹狀，從中抽取一張翻開，這張牌就能夠預示你的考試運了。

【解答】

0號牌：愚者

正位——最近你的學習能力很強，雖然態度不是很認真，卻是一學就會。但是在考試方面，心情會影響你的考試發揮，成績很難穩定。

逆位——你是不是太過自信了，覺得自己成績已經很好，所以再也不肯用功，結果陰溝裡翻船，考試成績與你的預期相差很多。

1號牌：魔術師

正位——你的學習能力很強，尤其是理解能力很好，所以考試時總是很順利。就算是其他的比賽，也會有好成績。

逆位——你總是不肯下苦工去學習，只想找到取巧的方法，考試的時候也是一樣，希望能夠用輕鬆的方法獲得高分，但結果可能不如你想的那麼好喔！

2號牌：女教皇

正位——你總是能夠認真學習，平日的累積到了考試這個關鍵時候就能派上用場了，所以考試時你胸有成竹，學到了的東西都能得到良好的發揮，考試成績自然也就能保持水準了。

逆位——太多的事情讓你分心，使你總是難以安靜下來好好讀書，結果到了考試的時候你才發現，你學過的東西差不多都忘記了。

3號牌：皇后

正位——對於學習你總是抱著很輕鬆的態度，不會給自己太大的壓力，所以考試時你總是能保持原有的水準，就算不是太優秀，但也不會差。

逆位——你實在太懶散了，過多的玩樂幾乎佔據了你所有的時間，讓你無法好好讀書，就是考試時也漫不經心的，成績怎麼可能理想呢！

4號牌：皇帝

正位——你自我要求嚴格，總是希望自己能做到最好，所以非常努力，考試前更是投注了百分之兩百的精力，所以在每一個科目上都表現出色。

逆位——你其實很努力，但因為沒有掌握到方法，收效總是很小，弄得你自己也沒有了信心，考試時也就很難達到期望的目標。

5號牌：教皇

正位——只要你肯虛心學習，老師會很喜歡你的，也很樂意為你指點迷津，得到老師的幫助，你的考試成績一定會很不錯。

逆位——你還不夠用功，所以在考試成績上表現得也不盡如人意，老師也可能會覺得你不是個積極的學生。

6號牌：戀人

正位——一個人讀書對你來說太過孤單乏味了，只有和朋友們一起讀書，你才會比較投入。考試上雖然不會有太突出的表現，但總是能維持一定的水準。

逆位——吸引你注意力的東西太多了，特別是人際交往，會佔據你大部分的時候，沒有時間分配給讀書，考試成績自然退步了。

7號牌：戰車

正位——暫時先將其他的事情放下，為自己訂立一個目標，就能讓你下定決心，好好的朝自己的目標奮鬥，堅持到底，考試自然沒問題。

逆位——你似乎太過急躁了，總是希望自己能夠盡快看到成果，卻無法安下心來讀書，如果能調適自己的心情，靜下心來，那麼考試還是沒問題的。

8號牌：力量

正位——一直堅持著百分百努力的你現在可以收穫了，對於考試你充滿自信，因為你知道自己做得很好，而考試也不會辜負你的，你的表現會非常精彩喔！

逆位——現在的你感覺精力不足，雖然有心讀書，卻總是無法提起精神來，考試也會發揮失常，連原有的成績都無法維持。

9號牌：隱者

正位——現在的你總是一個人默默努力，能夠很好的吸收知識，雖然你並沒有想要很好的表現，但你的考試成績還是會出色喔！

逆位——你很希望在考試上有好的表現，但越是這樣就越發無法靜下心來讀書，雖然能力足夠，但卻不夠專心，在考試上也就無法令人滿意了。

10號牌：命運之輪

正位——在讀書的過程中常常能獲得意外的幫助，讓你輕鬆進入狀態，就算是考試時也會有意外的好運，讓你獲得超過你能力的成績。

逆位──讀書的時候並不順利，總是該記得的地方沒有記住，或是重要的地方卻被你忽略了，考試的時候也會因為預料之外的影響使你發揮失常。

11號牌：正義

正位──你現在的學習方式和心態都非常好，只要堅持下去，就能夠獲得不小的成果，考試的時候也能表現正常，發揮出自己全部的實力。

逆位──你似乎沒有把精力都放在讀書上喔！想要同時做好幾件事太難了一點，你還不善於在這麼多事情之間求得平衡，所以考試成績也無法讓你滿意了。

12號牌：吊人

正位──只要你能夠花費盡可能多時間在讀書上，投入足夠的精力，就能獲得成果。因為你的努力，幾乎所有的科目都會表現得不錯。

逆位──你並不願意花費太多的時間精力在讀書上，但又清楚的知道不這樣的話是不可能有好成績的，所以心情上會顯得有點煩躁，結果考試表現也不太理想。

13號牌：死神

正位──你不是不努力，但收效甚微，對於新的知識你總是很難理解，這也讓你產生了放棄的念頭，心情陷入低潮，考試成績也是你最差的時候。

逆位——雖然之前所有的上課你都沒有投入，但此時如果能重新來過，好好努力，那麼還是來得及的，考試上也會有起色喔！

14號牌：節制

正位——長時間的努力終於到了可以收穫成果的時候，實力的增加讓你的考試表現越來越出色，獲得中等以上的成績是沒問題的。

逆位——你對於讀書總是缺乏耐心，好不容易下定決心要好好學習，過不了多久又開始懈怠了，這樣子的態度怎麼可能有好的成績呢！考試時要記得注意時間的分配，不然會影響到成績。

15號牌：惡魔

正位——其實你並不是不想讀書，只是你討厭埋頭苦學，希望能有更輕鬆的方式獲得所要的成績，不過可千萬不要想著用些小動作來幫助自己考出好成績喔！

逆位——過了這麼久懶散的生活，你終於開始覺醒了，有了要好好讀書的念頭，雖然讀書是辛苦的，但一切都是值得的，只是考試的時候可能沒有你期望的那麼好喔！

16號牌：塔

正位——你很努力，花費了相當多的精力努力讀書，準備的非常充分，可是偏偏考試當天會發生一些意外狀況，令你這些天的努力白費。

逆位——長久的努力讓你的自信心越來越強，但考試的時候可能會發生一些事情影響你的表現，其實這些早就在你意料中了，不過還是有點可惜啊！

17號牌：星星

正位——現在的你信心百倍，覺得自己一定能有很大的進步，而考試的成績也會不負你的希望，表現得相當出色啊！

逆位——讀書遇到了瓶頸，感覺無論怎麼讀書都很難再進一步了，你給自己太大壓力了，這樣子去考試，也很難有好的成績。

18號牌：月亮

正位——最近你在讀書時很容易分心喔！總是胡思亂想，怎麼也靜不下心來讀書，很難有好的成效。考試時也總是無法篤定，總覺得不太肯定自己的答案。

逆位——終於擺脫了之前猶豫不定的心理，你開始朝著自己的目標而努力，不過考試的時候你還是會有小小的不安，但成績還是不錯的。

19號牌：太陽

正位——你現在對於學習知識充滿了熱情，能夠快樂的學習與吸收，考試上也能自然地發揮出自己的實力，表現得相當不錯。

逆位——現在你似乎沒有什麼學習興趣，完全找不到學習的感覺，對於考試更是沒有自信，這樣子考試中也很難有突出的表現了。

20號牌：審判

正位——長久以來的努力終於到了展現的時候，考試的成績會是對你之前努力讀書最大的肯定，而且還會是你一次很重要的經歷。

逆位——之前讀書不夠用功，或是有些沒注意到的重要地方，都會在考試中暴露出來喔！這次的考試就是為了提醒你，要好好反省自

己，努力改進了。

21號牌：世界

正位——現在正是讀書的好時候，無論是讀什麼都手到擒來，輕輕鬆鬆就能有所收穫，考試也是順風順水，成績好的讓人刮目相看。

逆位——讀書時總是有些疑惑或困難讓你感覺很洩氣，時間和精力花費了不少，但卻始終達不到想要的效果，考試的成績也不夠理想，讓你感到失望。

誰是天生的考試達人

紫微十四星性格各異，愛好不同，但是面對同樣要經歷的考試的時候，誰能夠脫穎而出，成為天生的考試達人呢？

（1）紫微星

紫微星很看重自己在別人心中的形象，考試這麼重要的關頭，當然是宣傳自己光輝形象的好時候了，怎麼能夠放過呢？平日紫微星就會對自己喜歡的課程努力的學習，而就算是他不太喜歡的科目，他也會讓自己能夠保持一定的水準，絕不能落於人後。而且，紫微星很善於利用時間，會在沒有人的時候完成別人都不願意學習的科目，然後就可以在考試這種時候跳出來展現自己了。

（2）武曲星

平常，武曲星只會選擇自己喜歡的科目認真學習，所以他總是有一、兩門功課是異常出色的，當然同時他也一定會有一、兩門功課始終在及格邊緣徘徊。當然，一旦考試來臨，他認真起來了，就會拋棄平時大咧咧的樣子，忍受著他不喜歡的課程，認認真真地把所有的科目都複習好，這樣也不至於考試的時候太難看。所以，既然武曲星總是能夠為所有的科目都撥出時間來，那每次考試的時候也就總是能安全過關。

（3）廉貞星

聰明的廉貞星向來都不用埋在書本裡死記硬背，對於功課他自然有自己的一套心得。他一向都將學習時間分配得頭頭是道，每門功課該如何準備，重點在什麼地方，他都一清二楚，真是令大家豔羨不已的聰明人。而且廉貞星還很喜歡在大家都不喜歡的功課上面大做文章，用令人咋舌的出色成績證明自己的優異，獲得大家的讚美。當然，如此懂得安排自己的廉貞星，考試成績也不可能會差的。

（4）天府星

天府星是個穩紮穩打的讀書高手，從一開始他就在認真的讀書，為考試做好了一切的準備，不論是不是他喜歡的科目，他都會付出心血去努力。而且除了自己學得紮實之外，天府星還非常善於總結課程的考試重點，提供給大家關鍵的考試預測和複習方法，是每次考試前大家翹首以盼的大救星啊！

（5）天相星

天相星平時早已經把該看的書、該背的內容全都記在心裡了，所以就算考試來臨了他也不會驚慌。何況，向來人際關係極好的天相星，在考試前總是能夠得到不少的小道消息，或是朋友們的應考祕笈，或是老師們的必考題透露，雙重保障之下，成績當然是節節高升。另外，天相星又是很大方的人，只要有同學向他請教，一定會毫無保留的教導對方自己的經驗，所以很受同學的歡迎。

（6）七殺星

只要七殺星覺得考試是必要的，那麼他會將所有的精力都投入進去，花費時間去研究每一個科目，就算多麼辛苦也不會放棄，因為對七殺星來說，生命中從來沒有僥倖的時候，只有努力的讀書與奮鬥，才能獲得自己想要的結果。所以只要意志力尚在，就絕不用擔心七殺星的考試，因為他的準備是十分充沛的。

（7）破軍星

雖然平時的破軍星看起來輕鬆閒散，但其實私底下他是很能下工夫學習的好學生。當然，破軍星是很喜歡玩啦！但他也很清楚，如果考試沒過關，是不可能有快樂的玩樂的，所以他才會下工夫讀書。不過，破軍星的好惡也很明顯，對於自己喜歡的科目，他會學得很好，但如果是不喜歡的科目，雖然他也不會放棄，但是不會太努力，只求過關就好，所以在考試前，他還是過得很愜意。

（8）貪狼星

貪狼星最怕別人看到他慌張的樣子，所以為了考試時不會手忙腳亂，他平時就會努力用功的讀書，只是會有多少的效果，恐怕是要打個折扣了。幸好，貪狼星還是頗有讀書的天分，總能在某些科目上有相當

不錯的表現，不過他也很清楚自己的狀況，對於不太在行的科目，他也就沒有太大努力的慾望了，只要保持及格就好了。

（9）太陽星

太陽星對於考試是很有把握的，尤其對於自己在行的科目，他有著無與倫比的潛能，能夠表現得非常出色，也讓自己得意地享受同學們豔羨的目光，甚至於有時候他還會故意將自己拿手科目的分數壓低一點，讓大家意外地發現他其他科目原來也這麼厲害。太陽星如此的期待別人的讚賞，所以對於同學們的請教他也是很樂意解答的，不過如果你問他準備好了沒，他一定會告訴你說：「哎，還有一、兩個科目還只有及格的把握呢！」

（10）巨門星

巨門星是個研究者，他不會把課本上的知識鉅細靡遺地都記下來，而會用心去分析，看哪一部分是最重要的內容，進而對之進行專門的研究，而其他次要部分雖然會兼顧，也就沒那麼仔細了。另外，平日的巨門星並不是一個死讀書的呆子，他會不斷地產生很多問題，並試著解決這些問題，在不斷地思考過程中得到收穫。所以，考試對巨門星來說，是個輕鬆的過程。

（11）太陰星

太陰星心思細膩，內心有著很多的想法，他總是覺得自己對課程的讀書時間分配非常完美，但其實總是有些地方被忽略了。讀書時他總是以通過考試為原則，對於不瞭解的地方，他會放下它去讀別的課程，而不會追求徹底的理解，所以他的努力完全是針對考試的。每次考試完，太陰星都需要一段休息的時間，再去準備下次的考試。

（12）天梁星

天梁星果斷智慧，是同學中的小老師，在考試前，他大部分的時間都用來了教會同學解答難題，因此大家非常尊重他。不過對他來說，這其實也是自己用來加強記憶的一種方式，至於考試，他早就準備好了。

（13）天機星

天機星目光長遠，善於運籌帷幄，考試可不是他讀書的最終目的喔！他會思量哪些科目對自己今後的發展有幫助，將重點放在這些科目之上，而那些他覺得作用不大的科目，必要時是可以犧牲的。雖然天機星平常看起來不急不躁，其實他巴不得有更多的時間可以用來讀書，將每件事情都做到完美，但他也清楚那是不可能的，所以他會合理分配自己的時間，準備得十分周到，當然也就能保證考試成績的出色了。

（14）天同星

天同星天性安樂，絕不會讓自己很忙，他會先過好自己的舒服日子，然後才考慮讀書的事。對於考試，他會為自己訂好目標，先複習最喜歡的科目，然後才藉著開心的心情看看其他的科目。而到了考試的時候，如果準備得很不錯，那麼他的心情也會很好，但如果心情糟糕，那天同星也會收起安逸的心情，全神貫注投入到考試中，保持自己及格再說。

考試運大占卜

考試恐怕是我們這一輩子都無法避開的挑戰，在一生中遇到的大大小小的考試中，有人可能自信滿滿，有人卻驚慌失措，到底你是哪種考生呢？你會不會在考試之前經由占卜的方式來預測自己的考試結果呢？如果會的話，那麼你會選擇下面哪種算命方法呢？

A、易經卜卦

B、八字

C、測字

D、手相、面相

E、塔羅牌

F、不一定，看誰便宜就找誰算

【解答】

A、你很聰明，只是聰明的頭腦沒有用到正途上。你很擅長編寫只有自己懂的密碼，所以你偷偷刻在桌子上的小抄看起來就跟火星文一樣，讓老師就算看到了也不知道那是什麼，這樣你就可以光明正大的作弊了。

B、也許你不算非常聰明的人，但沒關係，你足夠勤奮，所謂勤能補拙，多花點時間讀書的話，總會有收穫的。

C、你是個認真踏實的好學生，絕不會用作弊或者抄襲的方法來獲得高分，只是你的讀書方法是不是要改變一下才好，似乎效率不是太高喔！

D、你用的是非常原始的作弊方法，也就是把小抄寫在自己的身上。你的手段還真是很大膽，只是要小心被老師發現喔！

E、你是個追求浪漫、愛好幻想的人，就算是考試的時候也期望能有神祕力量給你幫助，還是腳踏實地的好好讀書吧！光靠考試時看窗外的大樹是無法激發出答題的靈感的。

F、你是個很講求實際的人，不過是不是實際得太過了一點，考試時總是選擇坐在優秀同學的旁邊等待機會對你來說其實並不是件好事，最後害了的還是你自己。

夢的顏色占卜考試失分點

夢的色彩可以洞悉你每次考試都是在什麼地方失誤喔！

【解答】

A、做藍色夢的你，最大的問題就是粗心大意。你總是不小心看錯了題目，或是將原本選對的答案填錯了，你絕不是不夠聰明，也不是沒有努力，但你總是敗在了考試上，完全都是因為粗心使你白白丟失分數。所以考試時把節奏放慢一點，看清題目，不要一時貪快而得不償失。

B、做白色夢的你，最大的問題就是緊張。其實你挺用功的，而且平時的課堂表現和功課都很不錯，但一碰到考試，你就開始緊張冒汗，覺得壓力漸大，把平日讀的東西都忘得一乾二淨，水準立刻往下掉。所以到了考試前不妨放下書本，讓頭腦休息一下，可以有效緩解你的情緒。

C、做紅色夢的你，最大的問題就是理解能力。其實，考試之前你已經將所有的內容記得滾瓜爛熟，但到了考場上看到考題，你就不知道該用什麼答案來回答了，結果答非所問，當然也就很難有好成績了。好好思考一下你是不是選擇了不適合自己的讀書方式吧！想成績好，並不是死記硬背就可以了。

D、做橙色夢的你，最大的問題就是焦慮。一到考試前你就慌了神，又怕自己讀得不夠，又擔心有些重要的考試範圍你還沒有溫習到，還擔心考試時會出現各式各樣的意外情況，這樣子如何能從容面對考試呢？其實你準備得已經很充分了，不要太緊張，多給自己一點信心，相信自己的能力才好。

塔羅牌占卜考試好運

考試要拿到好成績，光靠平日的努力還不夠，關鍵時刻的狀態和表現有時候反而是決定考試發揮的重要條件，你知道自己都有哪些考場上的小毛病嗎？趁現在找出它來，趕緊改掉才是。

占卜方法：

憑直覺在下面五張牌中選擇一張。

A

B

C

D

E

【解答】

A、命運之輪——考試幸運指數：1顆星。

平常的你自信滿滿，可是一到了考場上，平日的自信就飛到九霄雲外去了，拼命地跑廁所，說到底，還是因為你那容易緊張的毛病，這樣就算你平日讀書讀得再勤，臨場發揮卻總是失常。另外，你又有個過目就忘的毛病，雖然該讀的書都讀了，但卻不愛在最後關頭下點工夫記牢它，碰上考試時情緒緊張，該記得的東西也都忘了大半，就更難考好了。所以，平日的努力是必要的，但考試前的複習也是必要的，這樣會讓你對自己更有信心，也就不會那麼緊張了。

B、女祭司——考試幸運指數：4顆星。

你是個非常重視讀書的人，對你來說內在的知識修養就等於一個人的價值，所以對於讀書你總是積極主動的進行，考試前你會反覆地熟悉內容，一而再、再而三的模擬、練習，讓自己能夠吸收盡可能多的知識。這樣的你考試時是很難出錯的，但有時候就是因為你太擔心出錯，反而會造成情緒的緊張，導致思路堵塞。這個時候不妨做個深呼吸，將暫時不會的題目先放下，解決了自己會的題目再說。這樣，考試過關對你來說真是so easy，而且很有可能非常出色喔！

C、女皇——考試幸運指數：5顆星。

你是個天生的考試高手，完全不用做太多的準備，卻總是能夠得到不錯的成績，所謂大考大玩，小考小玩，大概指的就是你這類的人。其實有時候你也會緊張，但你一直都處理得很好，不會影響到你在考場上的發揮。只要你能夠按照平日的讀書步驟進行，那麼即使沒有充足的準備，但考試之神還是會站在你這邊的，讓你的考試運奇佳無比。

D、愚者——考試運幸運指數：2顆星。

你總是給人一種缺乏熱情的感覺，對讀書也是一樣，毫無興趣，考試更是讓你厭煩不已。但是，就算你再討厭也好，畢竟它是你必須要面對的，這是你首先必須認清楚的一點。其實你的問題不在於怎麼讀書，因為你其實很聰明，關鍵在於你對考試的認知態度，必須清楚的體認到它是你必須經歷的過程，體認到讀書和學習對你生活的重要性，當你真正瞭解這一切之後，你的成績自然就會進步了。

E、戀人——考試運幸運指數：3顆星。

你的好惡很明顯，喜歡的科目你會讀得很好，但不喜歡的科目你始終無法讀進去，強迫也沒辦法學好。而且你是個熱情而有責任感的人，就算你並不是很喜歡讀書和考試，但為了父母和師長的期望，你也會很努力讀書，何況你也不希望在朋友們面前丟臉。總之你會找到許多理由督促自己努力，好好的讀書，做好考試的準備。最近兩、三個月，是你的考試好運期，試著在自己的弱項上努力一下，你的成績會更好。

國家圖書館出版品預行編目資料

愛情占卜師／腦力&創意工作室編著.
－－第一版－－ 臺北市：知青頻道出版；
紅螞蟻圖書發行，2011.6
面　　公分－－（Perusing；7）
ISBN 978-986-6276-80-4（平裝）

1.占卜

292.96　　100010270

愛情占卜師

編　　著／腦力&創意工作室
美術構成／Chris' office
校　　對／周英嬌、楊安妮、朱慧蒨
發 行 人／賴秀珍
榮譽總監／張錦基
總 編 輯／何南輝
出　　版／知青頻道出版有限公司
發　　行／紅螞蟻圖書有限公司
地　　址／台北市內湖區舊宗路二段121巷28號4F
網　　站／www.e-redant.com
郵撥帳號／1604621-1　紅螞蟻圖書有限公司
電　　話／(02)2795-3656（代表號）
傳　　真／(02)2795-4100
登 記 證／局版北市業字第796號
港澳總經銷／和平圖書有限公司
地　　址／香港柴灣嘉業街12號百樂門大廈17F
電　　話／(852)2804-6687
法律顧問／許晏賓律師
印 刷 廠／鴻運彩色印刷有限公司
出版日期／2011年 6 月　第一版第一刷

定價 250 元　港幣 87 元

ISBN 978-986-6276-80-4　　**Printed in Taiwan**